Artgerechte Niststätten
für heimische Vögel

Dr. Werner Keil

Artgerechte Niststätten
für heimische Vögel

FALKEN

Dr. Werner Keil verfaßte auch das Buch:
»Artgerechte Vogelfütterung im Winter« (Nr. 908)

Weiterhin sind im FALKEN Verlag u. a. folgende Titel zum Thema Tiere erschienen:
»Alles über Igel in Natur und Haus« (Nr. 810)
»Tiere im Wassergarten« (Nr. 808)
»Der Hund in der Familie« (Nr. 1014)
»Katzenkrankheiten erkennen und behandeln« (Nr. 1078)

Die Deutsche Bibliothek – CIP-Einheitsaufnahme

Keil, Werner:
Artgerechte Niststätten für heimische Vögel : mit Anleitungen zum Selbstbau / Werner Keil. – Niedernhausen/Ts.: FALKEN, 1991
(FALKEN Bücherei)
ISBN 3-8068-1220-9

ISBN 3 8068 1220 9

Titelbild: Konrad Wothe, München
Die Ratschläge in diesem Buch sind von dem Autor und vom Verlag sorgfältig erwogen und geprüft, dennoch kann eine Garantie nicht übernommen werden. Eine Haftung des Autors bzw. des Verlags und seiner Beauftragten für Personen-, Sach- und Vermögensschäden ist ausgeschlossen.
Satz: LibroSatz, Kriftel bei Frankfurt/Main
Druck: Zumbrink Druck GmbH, Bad Salzuflen

817 2635 4453 6271

Inhalt

Vogelschutz und künstliche Niststätten

Einige Worte zuvor

Dem Umwelt- und Naturschutz wird heute zwar ein hoher Stellenwert zugebilligt, es darf jedoch nicht bei Lippenbekenntnissen bleiben. Die Zerstörung unserer Natur schreitet in beängstigendem Ausmaß voran. In der Feldflur fallen z. B. Hecken, Gebüsche und Bäume der modernen Landwirtschaft zum Opfer, die auf immer größeren Flächen immer höhere Erträge erzielen will – eine Entwicklung auf Kosten der Umwelt. Der Ausbau des Verkehrswegenetzes, die ständige Inanspruchnahme zusätzlicher Siedlungs- und Gewerbeflächen, die Wasser- und Luftverschmutzung, die Verbreitung zahlloser Umweltgifte, die immens angestiegene Belastung durch Freizeitaktivitäten – um nur einige Faktoren zu nennen – schränken den Lebensraum unserer Tier- und Pflanzenwelt nicht nur in erschreckendem Umfang ein, sondern bedrohen auch ihren Fortbestand. In letzter Konsequenz werden hierdurch auch die Grundlagen der menschlichen Existenz in erheblichem Maße in Frage gestellt. Es ist heute das erklärte Ziel von Staat und Gesellschaft, durch Umwelt- und Naturschutzmaßnahmen bedrohte Lebensräume zu schützen und weitere Zerstörungen zu verhindern, um letztlich die Lebensqualität aller zu erhalten bzw. zu verbessern. Dieses Ziel kann aber nur durch koordinierte Naturschutztätigkeit im Rahmen entsprechender Organisationen und unter Mithilfe qualifizierter Fachkräfte erreicht werden.

Angesichts dieser Aufgaben wurde der »klassische« Vogelschutz, zu dem unter anderem das Anbringen von Nisthilfen zu zählen ist, in den Hintergrund gedrängt. Es wird daher immer häufiger die Frage gestellt, ob das Anbieten von Nisthilfen überflüssig geworden ist, zumal es sich meist um Hilfen für solche Vogelarten handelt, die in ihrem Brutbestand nicht bedroht erscheinen. Die Antwort kann nur ein klares »Nein« sein. Das Bereitstellen künstlicher Hilfsmittel, zu denen auch Nistgeräte der verschiedensten Art gehören, bleibt weiterhin eine wichtige Aufgabe des Vogelschutzes. Artgerechte Niststätten im Siedlungsbereich, im Wald, in der Feldflur oder an Gewässern können ohne weiteres von informierten Einzelpersonen geschaffen werden. Das vorliegende Buch soll hierzu Anregung und Anleitung geben.

Dr. Werner Keil

Vogelschutz heute: Maßnahmen wie das Erhalten oder auch Anlegen solcher Hecken stehen im Vordergrund

Künstliche Nisthilfen gestern und heute

Vom Kobel zum Holzbetonkasten

Durch das Anbieten künstlicher Nistmöglichkeiten hat man schon seit alters Vögel zum Brüten angelockt. Aus der Antike überliefert ist z. B. das Anbringen von Tongefäßen an Hauswänden als Nisthilfe für Schwalben. Der wohl älteste Nistkasten war bereits im 17. Jahrhundert in Gebrauch und hat sicher zur Ansiedlung des Stars gedient; allerdings wurden die darin aufgezogenen Jungstare meist Speisezwecken zugeführt. Unter dem Gesichtspunkt einer speziellen Hilfsmaßnahme dürfte die Ansiedlung von Kleinvogelarten im Wald oder im Obst- und Hausgarten erstmals zu Anfang des vorigen Jahrhunderts vorgenommen worden sein. Bereits 1828 beschrieb Pfarrer Hofinger den »Kobel«. Er bestand aus einem ausgefaulten Fichten- oder Tannenstammstück und war 30–35 cm lang. Sein Innenraum hatte einen Durchmesser zwischen 8 und 12 cm, die Fluglochgröße wies einen Schwankungsbereich von 3,1–3,8 cm auf. Als Deckel diente ein passend bearbeiteter Stöpsel, der mit einem Nagel befestigt werden konnte. In den Ausführungen von Hofinger war vorgeschrieben, das Flugloch nicht nach der Wetterseite zu richten und den Kobel in einer Höhe von 1 m über dem Boden am Baumstamm oder an einer Astgabel anzubringen.

Über die Ansiedlung von Vögeln im Garten berichtete Adalbert Stifter sehr ausführlich in seinem Buch »Nachsommer«, das 1857 veröffentlicht wurde. Was Stifter damals schrieb ist auch heute noch zum größten Teil gültig. Als eine der wichtigsten Möglichkeiten zur Ansiedlung von Singvögeln sieht er das Anbringen von Nisthöhlen an. Er stellt dazu fest: »Will man Vögel in eine Gegend ziehen, so muß man solche Zufluchtsorte schaffen, und zwar so gut als möglich. Wir können ... nicht Felsen und Baumstämme aushöhlen, aber aus Holz gemachte Höhlungen können wir überall auf die Bäume aufhängen ... Wir machen diese Höhlungen tief genug, richten das Schlupfloch von der Wetterseite weg meistens gegen Mittag und machen es gerade so weit, daß der Vogel, für den es bestimmt ist, ein und aus kann.«

In der zweiten Hälfte des 19. Jahrhunderts veröffentlichten die Professoren Gloger und Liebe eine Reihe wissenschaftlicher Schriften über den Vogelschutz und empfahlen, Nistgeräte nicht nur im Garten, sondern auch im Wald in größerem Umfang aufzuhängen. Da die von den verschiedenen Spechtarten in Bäume gezimmerten Höhlen auch von anderen Vogelarten zur Brut genutzt werden (z. B. von Meisen, Kleiber, Trauerschnäpper, Gartenrotschwanz, Wendehals, Star, Hohltaube), lag es nahe, den Spechthöhlen entsprechende Baumstammstücke herzustellen und aufzuhängen. Der Nordhesse Hans Freiherr von Berlepsch entwickelte diese künstliche Spechthöhle um die Jahrhundertwende zur Serienreife. Sie wurde als genormtes Gerät unter dem Namen »von

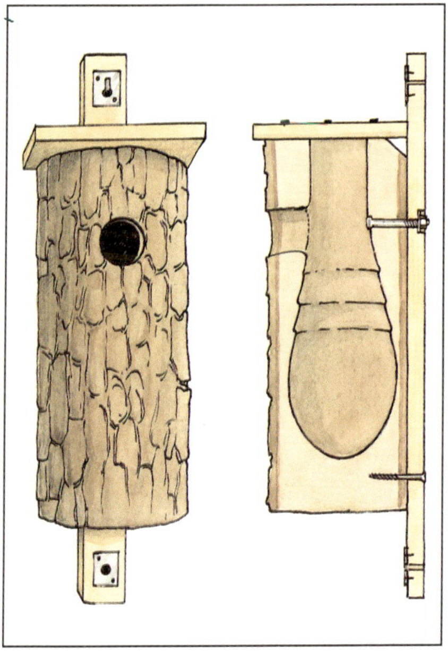

Die von Berlepschsche Nisthöhle wurde in vier verschiedenen Größen angeboten

Bretterkästen und Berlepschsche Nisthöhlen waren bis zum Ende des Zweiten Weltkriegs die verbreitetsten Nistgeräte. Die Holzknappheit der ersten Nachkriegsjahre gab dann Anlaß, nach neuen Materialien für Vogelnistgeräte zu suchen. Als besonders brauchbar erwiesen sich Geräte, die aus einem Gemisch von Sägemehl und Beton hergestellt wurden. Auch in Bims-Beton-Gemischen fand man geeignete Substanzen. Insbesondere der sogenannte »Holzbetonnistkasten« wies physikalische Eigenschaften auf, die den Werten von Holz entsprachen. Mit zunehmendem Gebrauch von Plastik- bzw. Kunststoffen in fast allen Bereichen wurden auch daraus gefertigte Nistgeräte auf den Markt gebracht. Hier ergab sich aber eine Reihe von materialbedingten Schwierigkeiten (z. B. mangelnde Wärmedämmung, schlechte Luftzirkulation im Kasteninnern, Schwitzwasserbildung), die die Brauchbarkeit dieses Werkstoffs in Frage stellten und bis heute nicht hinrei-

Berlepschsche Nisthöhle« in den Handel gebracht. In den zwanziger Jahren konstruierte dann Martin Behr in Steckby an der Elbe den ersten serienreifen Bretterkasten, und in den dreißiger Jahren wurden von der damaligen biologischen Reichsanstalt für Land- und Forstwirtschaft »Richtlinien zur Anfertigung von Nistgelegenheiten aus Holz für Kleinvögel und Stare« veröffentlicht. Hersteller, die Nistgeräte entsprechend diesen Richtlinien konstruierten, konnten ihre Erzeugnisse als »staatlich anerkannte« Nisthöhlen zum Verkauf anbieten.

Auch geeignete Nisthilfen für Freibrüter wie die Singdrossel haben eine lange Erprobungszeit hinter sich

chend beseitigt sind. Erst wenn sich diese Mängel abstellen lassen, können solche Nistkästen als den Bedürfnissen der darin brütenden Vogelarten angepaßt angesehen werden.

Die hier kurz skizzierte historische Entwicklung der Nisthilfen für höhlenbrütende Vogelarten macht deutlich, welch ein langer Weg beschritten werden mußte, bis es zu Geräten kam, die den Anforderungen nach dem heutigen Stand der Erkenntnisse gerecht werden. Bei der Schaffung spezieller Nistmöglichkeiten für eine Reihe von freibrütenden Vogelarten (z. B. Finken, Drosseln, Rotkehlchen, Zaunkönig, Heckenbraunelle) bedurfte es ebenfalls einer Entwicklungszeit von vielen Jahrzehnten, bis man brauchbare und akzeptable Lösungen gefunden hatte.

Künstliche Niststätten – noch aktuell?

Bis zur Mitte unseres Jahrhunderts konzentrierten sich die Maßnahmen des Vogelschutzes im wesentlichen auf das Einrichten und Anbringen von Nistmöglichkeiten und Geräten für die Winterfütterung. Die in den letzten Jahrzehnten gewonnenen wissenschaftlichen Erkenntnisse über die ökologischen Ansprüche der freilebenden Tier- und Pflanzenarten haben unter anderem auch das bisherige Vogelschutzkonzept völlig über den Haufen geworfen. Die im Eiltempo voranschreitende Intensivierung der Landwirtschaft mit ihrem Einsatz modernster Technik, verbunden mit einer zunehmenden

Opfer der zunehmenden Naturzerstörung: Der Neuntöter zählt heute zu den stark bedrohten Arten

Anwendung von Pflanzenbehandlungsmitteln, mit der Vergrößerung der Anbauflächen sowie der Vernichtung von Baum und Strauch (»Ausräumen der Kulturlandschaft«), der Bau bzw. Ausbau eines immer dichter werdenden Straßennetzes, die Ausweisung von neuen Industrie- und Wohngebieten, die Kanalisierung des Gewässersystems, das teilweise Zerstören der Aulandschaften, zunehmende Freizeitaktivitäten in der freien Landschaft im Zusammenhang mit der Einführung neuer Sportarten (Surfen, Drachenfliegen, Modellflugsport usw.) oder auch die Ausweitung der Wintersportgebiete: Dies sind nur einige Beispiele für Entwicklungen, die zu einem radikalen Einbruch in der Artenvielfalt der Flora und Fauna führten und schließlich zum Aussterben zahlloser Pflanzen- und Tierarten. Es entstanden die sogenannten »Roten Listen« der bestandsbedrohten Lebewesen. Vor allem auch die

Vogelwelt wurde in erheblichem Maße in Mitleidenschaft gezogen. Die letzten verbliebenen Freiräume in der Landschaft werden weiterhin verplant oder, wie es heute so schön heißt, »vermanagt«! Dem Umweltschutz wird angesichts all dessen heute eine große Bedeutung zugemessen. Es müßte eigentlich jedem verständlich sein, daß die Verschlechterung der Umweltbedingungen für unsere Pflanzen und Tiere letztlich auch eine Bedrohung der menschlichen Existenz darstellt.

Aus diesen Entwicklungen ergaben sich für den Umwelt- und Naturschutz zwangsläufig völlig neue Aufgabenstellungen. Die Erhaltung und Neuschaffung von Lebensräumen für die freilebende Tier- und Pflanzenwelt wurde nun zum Hauptanliegen und drängte die bis dahin primären Aufgaben in den Hintergrund. Dies gipfelte verschiedentlich in der Auffassung, daß das Aufhängen von Nistkästen für die in ihrem Bestand nicht bedrohten Vogelarten (z. B. Meisen, Kleiber, Trauerschnäpper u. a.) als völlig überflüssig anzusehen sei.

Wenn auch unter den heutigen Verhältnissen das Anbringen künstlicher Nistgelegenheiten, insbesondere für wenig gefährdete Vogelarten, als nicht vordringlich betrachtet wird, so sei hier deutlich gemacht, daß diese Arbeit auch zukünftig unter verschiedenen Gesichtspunkten als sinnvoll und notwendig einzustufen ist. Einige Beispiele sollen dies erläutern.

Im Bereich von Haus- und Kleingärten mit wenigen Einzelbäumen oder Baumgruppen finden z. B. Höhlenbrüter überhaupt keine Möglichkeiten zum Nisten, da Baumhöhlen oder entsprechende Nischen fehlen. Hier ist das Anbringen von Nistkästen für Höhlen- und Nischenbrüter durchaus wichtig. Gleiches gilt für Parkanlagen, Streuobstflächen und Friedhöfe. Auch dort fehlt es meist an natürlichen Höhlen. Dies hat ebenso für viele Waldbereiche Gültigkeit: Baumhöhlen sind darin meist Mangelware. Ein besonders krasses Beispiel für diesen Sachverhalt stellen die immer noch weitverbreiteten monotonen und sterilen Nadelholzbestände dar. Sie bieten höhlenbrütenden Vögeln ebensowenig eine natürliche Nistmöglichkeit wie freibrütenden Arten; denn auch die für letztere notwendige Bodenvegetation fehlt in solchen Baumbeständen.

Das Bereitstellen von Nistgeräten ist immer noch eine wichtige Aufgabe des Vogelschutzes

Wenn wir sowohl im Siedlungsbereich als auch im Wald, in der Feldflur oder in Gewässernähe Nisthilfen bereitstellen, damit dort junge Vögel aufgezogen werden können, trägt dies nicht zuletzt zur Sensibilisierung unserer Mitmenschen gegenüber dem Natur- und Umweltschutz bei. Das Schaffen und Anbringen artgerechter Vogelschutzhilfsmittel hat auch aus heutiger Sicht einen hohen Stellenwert und ist eine nicht zu unterschätzende Aufgabe des Vogelschutzes.

Wichtige Kriterien für artgerechte Nistgeräte

Materialwahl

Wer sich im Handel nach einem Nistkasten umsieht, wird schnell feststellen, daß die angebotenen Geräte in mehreren Punkten voneinander abweichen, insbesondere auch aus sehr unterschiedlichen Materialien bestehen. So gibt es unter anderem Nistkästen aus massiven Holzbrettern, Sperrholz, gepreßten Spanplatten mit Plastikauflage, Holzbeton, Bimsbeton, Plastikmaterial unterschiedlichster Zusammensetzung, gebranntem Ton und ausgehöhlten Stammstücken. Neuerdings wird sogar ein sogenannter »Wegwerfkasten« aus Pappe angeboten, der – so sagt es der Prospekt – nach dem Ausfliegen der Nestlinge in der Mülltonne landet.

Ohne im einzelnen die eben angeführten Materialien zu beurteilen, seien hier die Forderungen vorgestellt, die ein Nistgerät erfüllen muß. Vieljährige Erfahrungen haben gezeigt, daß man bei der Bewertung die physikalischen Eigenschaften von massivem Holz zugrunde legen muß. Sperrholz und Spanplatten scheiden von vornherein aus, weil sich diese verleimten und gepreßten Materialien nach relativ kurzer Zeit durch das Eindringen von Feuchtigkeit in Einzelschichten auflösen und so unbrauchbar werden.

Bei massivem Holz ist darauf zu achten, daß die Bretter gut abgelagert und trocken sind, da frisches Holz auf Grund seines hohen Feuchtigkeitsgehaltes bei Sonneneinstrahlung bald Trocknungsrisse aufweist. Das muß auch bei ausgehöhlten Stammstücken der Birke berücksichtigt werden (gelegentlich werden hierfür auch andere Baumarten benutzt).

Bei Nadelholzbrettern dürfen keine Harzgänge vorhanden sein; denn das Harz wird bei höheren Temperaturen flüssig und kann das Gefieder der Altvögel ebenso verkleben wie das der Jungen.

Die Dicke der verwendeten Bretter sollte mindestens 2 cm betragen. Zur Imprägnierung dürfen nur Holzschutzmittel verwendet werden, die ungiftig und weitgehend geruchlos sind. Die Innenseite der Bretter muß rauh bleiben bzw. bei beidseitig gehobeltem Holz angerauht werden. Hierdurch ist es für die flüggen Jungen einfacher, den Nistkasten zu verlassen.

Auf eine Verkleidung des Daches (und eventuell der Seitenwände) mit Dach-

Nistkästen gibt es in den unterschiedlichsten Ausführungen

pappe oder verzinktem Blech kann meist verzichtet werden. Zwischen Abdeckungen dieser Art und dem Holz kommt es leicht zu Fäulnisbildung. Dies verkürzt die Lebensdauer der Nistgeräte.

Bei der Verwendung von Plastikmaterial ist größte Vorsicht geboten. Als Ergänzung zu Kunststoffkästen werden zur besseren Wärmeisolierung, zur Vermeidung von Schwitzwasserbildung usw. Einsätze aus aufgeschäumten Substanzen (z. B. Styropor) angeboten. Nach meinen langjährigen Erfahrungen bedarf es jedoch noch erheblicher Anstrengungen, bis diese Produkte als gleichwertig mit Massivholzgeräten gelten können.

Geräte aus Holzbeton oder Bimsbeton können dagegen mit Holznistkästen konkurrieren und ohne Vorbehalte verwendet werden.

Aus imprägnierter Pappe oder ähnlichem Material hergestellte »Wegwerfkästen« sollten nicht zum Einsatz kommen. Ihre physikalischen Eigenschaften entsprechen keinesfalls dem Standard.

Ton (z. B. Ton- oder Keramikrohrstücke) ist aus den erwähnten Gründen ebenfalls ungeeignet. Das gilt auch für Teile von Autoreifen, aus denen zuweilen Nistgeräte geformt werden.

Holzbetonnistkasten

Innenraum- und Fluglochgröße

Wesentlich ist die Größe des Innenraums der Geräte. Sie muß sich an den Bedürfnissen der einzelnen Vogelarten orientieren, die darin brüten sollen. Ist der Brutraum zu klein, so haben die Jungen nach dem Ausschlüpfen nicht genügend Platz, und es kommt zu hohen Ausfällen. Die später bei den verschiedenen Nistgeräten angegebenen Innenmaße sind jeweils als Minimalforderung anzusehen.
Große Bedeutung kommt außerdem dem Fluglochdurchmesser zu: Er limitiert die Anzahl der Vogelarten, die das Gerät benutzen können. Es versteht sich von selbst, daß die Hohltaube ein weit größeres Flugloch benötigt als die höhlenbrütenden Kleinvögel, wie etwa die verschiedenen Meisenarten.

Öffnungsweise

Ein weiteres wichtiges Kriterium beim Kauf oder Selbstbau eines Nistgerätes ist seine Öffnungsweise. Es hat sich als sehr praktikabel erwiesen, wenn man die Vorderwand zur Reinigung des Kastens abnehmen oder aber hochklappen kann. Vom Kauf eines Gerätes, das zum Öffnen abgehängt werden muß, um dann das Dach oder den Kastenboden zu entfernen, sollte Abstand genommen werden; bei dieser Bauweise ist vor allem bei Bewohnern wie z. B. Wespen die jährliche Reinigung nicht gerade ein Vergnügen.

Amtliche Prüfung von Nistgeräten

Wer Nistgeräte in einem Fachgeschäft kaufen will, sollte nur solche wählen, die gemäß den Vorschriften des Merkblattes

Prüfzeichen der BBA. Entsprechende Geräte sind außerdem mit einer Prüfmarke versehen

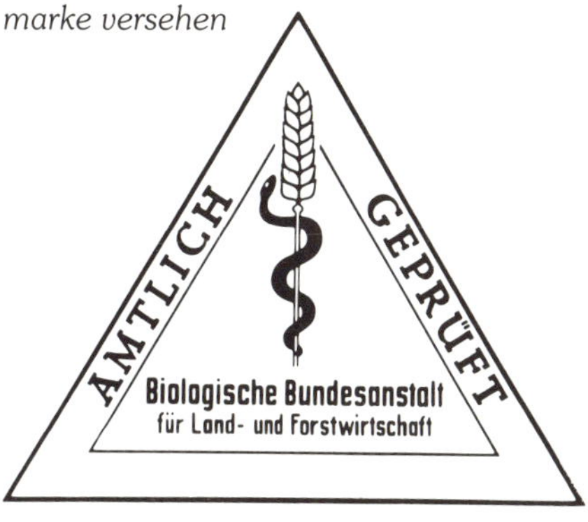

Nr. 67 (»Freiwillige Prüfung von Vogelnistgeräten«) der Biologischen Bundesanstalt für Land- und Forstwirtschaft (BBA) in Braunschweig auf ihre Eignung überprüft wurden. Ein entsprechendes Gerät darf das dreieckige Prüfzeichen mit dem Symbol der Ährenschlange der BBA sowie die Aufschrift »Amtlich geprüft, Biologische Bundesanstalt für Land- und Forstwirtschaft« tragen und ist mit einer Prüfnummer gekennzeichnet. Firmen, die so geprüfte Geräte herstellen und vertreiben, dürfen auch mit der »Ährenschlange« werben. Die Hauptprüfung – sie erstreckt sich über mindestens zwei Jahre – wird von der BBA gemeinsam mit den Staatlichen Vogelschutzwarten bzw. den zuständigen Landesanstalten durchgeführt. So kann der Käufer sicher sein, daß er ein praxis- und vogelgerechtes Nistgerät erhält.

Aufhängung, Reinigung und Kontrolle

Sachgemäße Aufhängung

Ebenso wichtig wie die Verwendung geeigneter Nistgeräte ist deren richtige Aufhängung. Ähnlich wie einige der genannten Kriterien für Nisthöhlen ist auch sie von der Vogelart (oder den Vogelarten) abhängig, die darin brüten. So kann man ein Nistgerät für Meisen ohne Probleme in Augenhöhe am Baum anbringen, die Hohltaube dagegen würde einen Kasten in dieser geringen Höhe nicht annehmen. Andererseits muß man jedoch auch praktische Gesichtspunkte bedenken: Eine Aufhängungshöhe, die wesentlich über den im nachfolgenden Kapitel genannten Angaben liegt, erschwert unnötig die Reinigung. Für diesen Zweck erweisen sich übrigens Klappleitern, wie sie heute überall in Baumärkten usw. angeboten werden, als recht günstig.

Am Stamm sollte der Kasten möglichst senkrecht oder leicht nach vorn geneigt hängen, damit es nicht hineinregnen kann.

Zum Schutz gegen Katzen oder Marder freischwebend aufgehängte Nistgeräte müssen so angebracht werden, daß sie bei Wind nicht gegen den Baumstamm oder einen Ast schlagen. Über die technischen Details des Anbringens von Nistkästen informiert das Kapitel »Möglichkeiten der Aufhängung« auf Seite 23.

Das Flugloch sollte möglichst nach Südosten gerichtet sein, d. h. der Hauptwetterrichtung entgegen. Ferner muß das Gerät vor praller Sonneneinstrahlung geschützt werden. Bei der Aufhängung in Waldbeständen kann man diese Gesichtspunkte unberücksichtigt lassen; hier spielt der Einfluß von Regen und Wind nur eine untergeordnete Rolle. Beachten sollte man außerdem, daß der Vogel zum Nistgerät freien Anflug hat (bei Kleinvogelarten mindestens 1–2 m). Versteckt aufgehängte Geräte werden meist nicht angenommen. Am günstigsten hängt man Nisthöhlen im Herbst auf. So können sie bereits im Winterhalbjahr als Schlafstätten genutzt wer-

Der Kasten darf nicht nach hinten geneigt aufgehängt werden; weiterhin sollte das Flugloch nach Südosten zeigen

den. Besonders Meisen, Kleiber und Feldsperling übernachten in der kalten Jahreszeit vornehmlich in Nistgeräten. Während, wie Versuche gezeigt haben, der Kleiber und die verschiedenen Meisenarten gereinigte Höhlen als Schlafplätze vorziehen und überwiegend jeweils nur ein Vogel dort schläft, baut der Feldsperling sogenannte Winternester, in denen bei nächtlichen Kontrollen recht häufig zwei und mehr Vögel vorgefunden wurden.
Die Anzahl bzw. Dichte der in Gärten, in Streuobstanlagen oder im Wald aufzuhängenden Nistgeräte ist von recht vielen biologisch bedingten Faktoren abhängig. Einer der wesentlichsten ist das Nahrungsangebot. Im Garten lassen sich recht viele Nistkästen anbringen, besonders dann, wenn Nachbarn dies nicht tun. Sind alle Nistkästen mit Bruten besetzt, so kann man weitere dazu hängen. Auf Grund meiner jahrzehntelangen Erfahrungen kann man – und dies gilt für alle Lebensräume – davon ausgehen, daß das Optimum der Nistgerätedichte erreicht ist, wenn 60–80% der Nisthöhlen besetzt sind. Die restlichen dienen Männchen als Schlafhöhlen oder werden nicht angenommen, da sie sich als ungünstig angebracht erweisen. Ein Umhängen solcher Kästen kann dazu führen, daß auch sie im darauffolgenden Jahr belegt sind.

Hinweise zur Reinigung und Kontrolle

Nistgeräte müssen jährlich gereinigt werden. Nach dem Ende der Brutzeit (bester Zeitpunkt: September/Oktober) wird das Nistmaterial entfernt. Unterläßt man dies, ist die Nisthöhle nach wenigen Jahren mit altem Nistmaterial so vollgestopft, daß sie nicht mehr benutzt werden kann. Es ist nämlich eine irrige Auffassung, daß die Altvögel das Material aus dem Vorjahr herausziehen; sie bauen jeweils ein neues Nest auf das alte.
Eine Bürste ist bei der Säuberung hilfreich. Im Handel werden aber auch spezielle Reinigungsgeräte angeboten. Eine Desinfizierung des gereinigten Innenraums mit einer parasitentötenden Flüssigkeit (z. B. mit einem Pflanzenbehandlungsmittel) kann nicht empfohlen werden. Im Nistmaterial halten sich meist eine Reihe von Vogelparasiten auf, die dort überwintern,

um dann im nächsten Frühjahr die brütenden Vögel und die heranwachsenden Jungen zu besiedeln. Zu diesen »Mitbewohnern« gehören auch Vogelflöhe. Oft sitzen sie nach dem Ausfliegen der Brut außen am Flugloch (sie sehen wie dunkelbraune bis schwarze, 2 mm große, dünne Striche aus), um auf einen eventuell anfliegenden Vogel überzuwechseln. Wird beim Reinigen die Vorderwand geöffnet, so kann es passieren, daß diese Flöhe, durch die Erschütterung veranlaßt, auf die Person hüpfen, die die Arbeit vornimmt. Es ist daher ratsam, sich seitlich zur Kastenöffnung zu stellen, um dem Überwechseln dieser Plagegeister vorzubeugen. Hat man jedoch einen Floh gefangen, sollte man ihn beim Kleiderwechsel suchen und entfernen; eine ernsthafte Gefahr für den Menschen stellt er nicht dar. Eine herbstliche Reinigung kann aber auch Überraschungen bieten: Nicht nur Vögel benutzen die Geräte, auch Wespen, Hornissen, Fledermäuse, Bilche, Mäuse u. a. lassen sich dort häuslich nieder. Diesen Bewohnern ist ein besonderes Kapitel gewidmet (s. S. 61 ff.). Wenn der Feldsperling ein Nistgerät bezogen hat, so benutzt er es im Winter meist auch als Schlafplatz. Er baut dann die bereits erwähnten »Winternester«. Diese sollten nicht im Spätherbst, sondern erst gegen Ende Februar/Anfang März entfernt werden.

Eine Kontrolle der Nistgeräte während der Brutzeit ist möglichst zu unterlassen. Hier kann mehr Schaden als Nutzen angerichtet werden. Es genügt vollauf, wenn man von einer verborgenen Stelle in entsprechender Entfernung aus das Ein- und Ausfliegen der futtertragenden Altvögel beobachtet. Baut man im Garten ein solches Versteck, so können auch ältere Kinder die Fütterungen beobachten. Dies ist nicht nur interessant, sondern auch lehrreich. Wer mehrere Nistgeräte im Haus- oder Kleingarten anbringt, sollte eine Numerierung nicht vergessen. Sie erleichtert die Führung einer Kontrolliste.

Das Anbieten von Nisthöhlen im Garten wie in Park- und Friedhofsanlagen trägt zur Förderung der Arten- und Individuenzahl bei; gleichzeitig bietet sich damit eine gute Möglichkeit zur Vogelbeobachtung. Viele Menschen werden so mit der Vogelwelt bekannt gemacht. Im Wald z. B. leisten die Nisthöhlenbenutzer außerdem einen Beitrag zum vorbeugenden Schutz vor Insektenschäden und schränken somit die Anwendung von Pflanzenbehandlungsmitteln ein. Daneben sind sie auch hier ein belebendes Element.

Vorsicht bei dunklen Strichen am Flugloch: Es könnten Vogelflöhe sein

Wissenswertes zum Brutablauf

Die Brutzeit beginnt mit Balz, Paarbildung und Besetzung des jeweiligen Reviers. Es folgen Nestbau, Eiablage, Bebrütung der Eier und Aufzucht der Jungen. Die Saison endet mit dem Flüggewerden des Nachwuchses der letzten Brut. Bei zahlreichen Vogelarten löst sich dann der Familienverband auf. Im folgenden Jahr finden sich zur Brutzeit zwei neue Partner.
Die Wahl des Brutreviers ist von einer Reihe von Faktoren abhängig. Unter anderem muß ein artspezifischer Brutplatz gefunden werden, z. B. bei höhlenbrütenden Vögeln eine Baumhöhle oder ein aufgehängtes Nistgerät, bei freibrütenden Arten eine Hecke, ein Gebüsch oder ähnliches. Arten wie der Hausrotschwanz, die keine geschlossenen Höhlen als Brutplatz wählen, sondern Nischen bevorzugen, bezeichnet man als Halbhöhlen- oder Nischenbrüter.

Eine weitere wichtige Voraussetzung ist die Nahrungsgrundlage. Vögel (und nicht nur diese) haben sich im Laufe der Entwicklung an ein bestimmtes Nahrungsspektrum angepaßt. Entsprechend sind die meisten Singvögel zumindest während der Brutzeit Insektenfresser, d. h., die Aufzucht der jungen Vögel läuft synchron mit der Entwicklung der Beutetiere, also der Insekten, ab. Bei entsprechendem Nahrungsangebot kann es zu Zweit- und eventuell auch zu Drittbruten kommen. Die Dauer der Brutsaison wird ihrerseits von der nachfolgenden Mauser (Federwechsel) und der herbstlichen Zugperiode beeinflußt. So greift ein biologischer Ablauf in den nächstfolgenden über.
Ein besonderer Stellenwert kommt der Brutstätte, also dem Nest, zu. Das zum Bau verwendete Material dient nach z. T. recht kunstvollem Zusammenfügen unter ande-

Munter balzend eröffnet dieser Star die Brutzeit; es folgen Paarbildung und Besetzung des Reviers

Bei freibrütenden Vögeln wie der Goldammer ist die „Tarnfarbe“ der Eier wichtig

rem mit zur Temperaturregulierung des Geleges und der Nestlinge. Das Nest stellt ferner einen Schutz vor Witterungsunbilden und Freßfeinden dar.
Auch die Farbe der Eier dient teilweise einem bestimmten Zweck. Viele höhlenbrütende Vogelarten haben helle Eier, da an ihren verborgenen Nistplätzen eine Anpassung an die Umgebung kaum von Bedeutung ist. Anders bei Freibrütern: Hier dient die Eifärbung oft als Tarnung.
Bei den Singvogelarten wird unter normalen Ernährungsbedingungen alle 24 Stunden ein Ei gelegt. Die Eizahl je Gelege ist von Art zu Art unterschiedlich. Die größten Gelege finden sich bei den Meisen mit z. T. bis zu 15 Eiern (z. B. bei der Blaumeise). Die Bebrütung beginnt häufig mit der Ablage des vorletzten Eies. Meist wird sie allein vom Weibchen vorgenommen. Das Männchen versorgt während dieser Zeit die Partnerin mit Nahrung.
Die Fütterung der Nestlinge erfolgt von Sonnenaufgang bis Sonnenuntergang. Bei den Singvögeln füttern beide Altvögel, wobei der Anteil des Weibchens höher liegt als der des Männchens. Die Fütterungsfrequenz ist abhängig von der Zahl der vorhandenen Nestlinge. Beide Partner zusammen fliegen im Extremfall über 600mal am Tag das Nest an, um zu füttern. Beim Abflug wird häufig der Kotballen eines Jungvogels mitgenommen. Die Kleinvogelarten suchen die Nahrung meist in der nächsten Umgebung des Nestes. Es kann davon ausgegangen werden, daß z. B. ein Blaumeisenpaar mit zehn bis zwölf Jungen täglich eine Strecke von rund 80 km zurücklegt, um die benötigte Nahrung herbeizuholen.
Die Dauer der Nestlingszeit ist in bestimmtem Maße vom Nistplatz abhängig. Bei höhlenbrütenden Kleinvogelarten finden wir häufig eine längere Fütterungsperiode als bei Freibrütern. Die Nestlinge der letzteren verlassen bei Gefahr oft schon etliche Tage vor dem Flüggewerden das Nest und suchen am Boden oder im Geäst nach Deckung, um so ihren Feinden zu entgehen.
Bettellaute der Jungen und Lockrufe der Altvögel garantieren den notwendigen akustischen Kontakt, ohne den eine gesicherte Aufzucht nicht erfolgen kann. Häufig müssen die Jungen den Nahrungserwerb nach dem Ausfliegen von den Altvögeln erlernen.
Diese wenigen Beispiele mögen verdeutlichen, daß die Brutzeit aus einer Aufeinanderfolge biologischer Vorgänge besteht, die ineinandergreifen und voneinander abhängig sind. Es dürfte auch dem Laien verständlich werden, daß menschliche Eingriffe in ein solches Gefüge für die Vögel (und die anderen Glieder unserer Lebensgemeinschaft gleichermaßen) katastrophale Auswirkungen haben können, auch wenn diese oft nicht sofort erkennbar sind. Unterstützende Maßnahmen müssen daher, wenn sie wirklich helfen sollen, stets die biologischen Abläufe und die Ansprüche und Lebensgewohnheiten der jeweiligen Arten berücksichtigen. Nicht zuletzt deshalb werden im folgenden Kapitel, das den Bau von Nistmöglichkeiten für Höhlenbrüter zeigt, auch die dort brütenden Vogelarten und ihre Lebensweise kurz vorgestellt. Einige Begriffe, die in den Artbeschreibungen immer wieder auftauchen, seien hier vorab erläutert.

Junge Grauschnäpper. Sie sind nun dem Nest entwachsen, das die Eltern nach Ankunft aus ihrem afrikanischen Winterquartier im April gebaut hatten

Standvögel nennt man Vogelarten, die ihr Leben lang keine Wanderbewegungen durchführen.
Strichvögel: Hier handelt es sich um Arten, die Wanderbewegungen nur in relativ geringer Entfernung von der Brutheimat ausführen. Sie lassen dabei außerdem keine bevorzugte Richtung erkennen.
Teilzieher: Unter diesen Begriff fallen Vogelpopulationen, von denen ein gewisser Prozentsatz gerichtete Zugbewegungen unternimmt, die außerhalb des Brutgebietes liegen.

Zugvögel sind Vogelarten, die gerichtete Wanderungen zwischen Brutgebiet und Überwinterungsgebiet durchführen, wobei man von Wegzug (= Herbstzug) und Heimzug (= Frühjahrszug) spricht.
Unter dem Gesichtspunkt der Aufenthaltsdauer unterscheidet man zwischen Jahresvogel, Sommervogel, Wintergast und Durchzügler. Darüber hinaus gibt es noch den Irrgast, der nur in Ausnahmefällen zu beobachten ist; so stellen sich bei uns zuweilen unerwartete Gäste wie Braunkopfammer, Fuchsammer oder Wüstengrasmücke ein.
Schließlich werden alle Vögel, die mehr oder weniger regelmäßig in einem bestimmten Gebiet zur Brut schreiten, unter dem Begriff *Brutvogelarten* zusammengefaßt.

Nisthöhlen und ihre Bewohner

Hinweise zum Bau von Nistkästen

Werkzeug und Zusammenbau

Zum Selbstbau eines Nistkastens benötigt man neben mindestens 2 cm starken Holzbrettern eine Packung Nägel oder Holzschrauben, einen Hammer, einen Schraubendreher und eine Säge – besser noch sind zwei verschiedene, nämlich ein Fuchsschwanz und eine Handstichsäge. Gute Dienste tun natürlich, sofern vorhanden, elektrische Stichsäge und Handkreissäge sowie eine Bohrmaschine mit Schraubeinsatz. Hilfreich sind außerdem ein kleiner Schraubstock und/oder einige Schraubzwingen, die das Zusammenfügen der Bretter erleichtern. Ferner braucht man ein ungiftiges Holzimprägniermittel sowie eventuell Dachpappe und verzinktes Blech.
Grundsätzliches zur Wahl des Materials und dessen Beschaffenheit wurde bereits im Kapitel »Wichtige Kriterien für artgerechte Nistgeräte« genannt. Die jeweiligen Maße sind bei der Vorstellung der einzelnen Höhlen angegeben. Es handelt sich um *Mindestmaße*, die nicht unterschritten werden sollten. Beim Zuschnitt der Einzelteile muß man berücksichtigen, daß an der Sägekante je nach Dicke des Sägeblatts einige Millimeter Schnittverlust auftreten.
Imprägniert wird der Kasten erst nach dem Zusammenbau; es reicht, wenn die Außenwände entsprechend geschützt sind, außerdem sollen die Brettseiten des Innenraums ja rauh bleiben. Ein unproblematisches Mittel, mit dem sich das Holz hinreichend schützen läßt, ist z. B. Leinöl. Dieses muß, ebenso wie andere Imprägnierungen, vollkommen getrocknet sein, ehe der Kasten aufgehängt wird, damit die anfliegenden Vögel nicht durch klebrige Oberflächen Schaden erleiden.
Man kann durchaus alle Teile mit Nägeln verbinden. Das Springen des Holzes läßt sich vermeiden, wenn man die Nagelspitzen vor dem Einschlagen leicht stumpfhaut. Die Nägel sollten möglichst etwas schräg eingeschlagen werden. Eleganter und zu stabileren Verbindungen führend, aber aufwendiger ist das Verschrauben der Holzbretter. Dabei empfiehlt es sich, mit einem etwas dünneren Bohrer vorzubohren; die Schrauben lassen sich dann gut eindrehen. (In den nachfolgenden Bauanleitungen wird der Einfachheit halber in der Regel nur von Nageln gesprochen, sofern nicht die Schraubverbindung deutlich vorteilhafter ist.)
Wenn man nicht gerade über einen Lochbohrer oder eine Lochsäge verfügt, kann man sich beim Herstellen des Fluglochs mit einem Handbohrer oder einer Bohrmaschine behelfen. Damit wird an der zuvor aufgezeichneten Kreislinie ein Loch gebohrt; dieses dient dann als Ansatzstelle für die Stichsäge, mit der man an der Linie entlang das Flugloch ausschneidet.
Bei Nistgeräten mit schräg sitzenden Dächern ist es von Vorteil, wenn man die Oberkante der Fluglochwand anschrägt.
Der *Boden* wird, sofern nicht anders angegeben, stets mit zwei bis vier *Ablauflöchern* versehen, die etwa 0,4 cm, bei größeren Kästen 0,5 cm groß sein sollten.

Wer bisher wenig mit Holz gearbeitet hat, sollte zunächst einen der vorgestellten Meisennistkästen bauen. Bei der Vierecks- und der Dreieckshöhle für Meisen sind die einzelnen Schritte des Zusammenbaus ausführlich dargestellt, so daß auch dem Einsteiger das grundsätzliche Vorgehen klar wird.
Natürlich sind bei allen vorgestellten Geräten kleine Variationen in der Bauweise möglich, auf die z.T. auch hingewiesen wird. Bei jeder Änderung der gezeigten Modelle muß man jedoch genau prüfen, ob diese auch zweckdienlich ist und den erwarteten Bewohnern nicht schaden könnte. Im Zweifelsfall sollte man sich an eine der im Anhang genannten Adressen wenden.

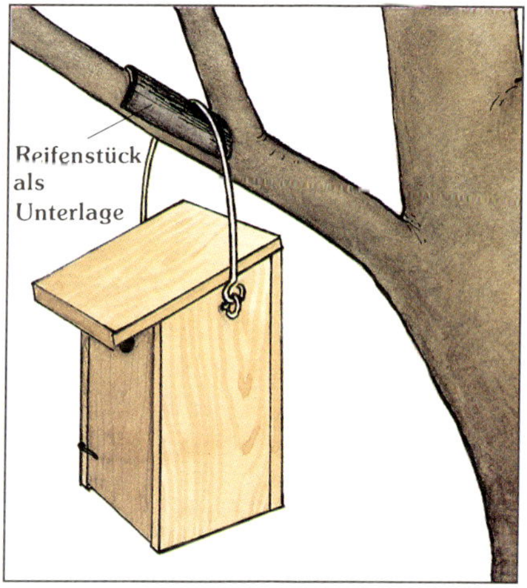

Aufhängung mit einem Drahtbügel

Möglichkeiten der Aufhängung

Mit Hilfe einer am Kasten angebrachten Leiste aus Eichen- oder Buchenholz kann man diesen einfach und sicher an einem Baumstamm oder an einer Wand befestigen. Die Hartholzleiste sollte, sofern nicht anders angegeben, 2 cm stark und 4 cm breit sein, die erforderliche Länge richtet sich nach dem jeweiligen Kastentyp. In je 5 cm Abstand von den beiden Leistenenden bohrt man zwei Löcher für Schrauben oder Nägel (am besten nicht rostende Aluminiumnägel) vor, mit denen die Leiste am Baum befestigt wird. Die Abschnitte mit den Löchern kann man durch aufgenagelte Blechscheiben verstärken. Ein zwischen Rückwand und Leiste angebrachtes Abstandsklötzchen, wie es bei der Bauanleitung für die Dreieckshöhle gezeigt wird, sorgt auch bei senkrecht stehender Auflage für eine leicht nach vorn geneigte Aufhängung, die Schutz vor Regenwasser bietet.
Gerade bei Obstgehölzen wird mancher ein baumschonenderes Verfahren bevorzugen, nämlich eine Aufhängung mittels Drahtbügel. Dazu benötigt man zwei Schraubösen, die in die Seitenwände eingedreht werden, sowie einen kräftigen Draht. Dieser wird so zurechtgebogen, wie es in der obenstehenden Abbildung zu sehen ist. Nun braucht man lediglich noch einen geeigneten Ast, an dem sich der Kasten mit dem Drahtbügel so anbringen läßt, daß er ohne zu schaukeln stabil hängt und bei Wind nicht gegen den Baum schlagen kann. Um eine Beschädigung der Rinde zu vermeiden, legt man ein Stück eines ausgedienten Fahrradreifens unter.

Für die Aufhängung im Garten bietet es sich aber auch an, einfach einen ausreichend langen, stabilen Pfahl an geeigneter Stelle einzuschlagen; er dient dann als »Baumersatz«, an dem das Nistgerät mit Hilfe der beschriebenen Leiste befestigt wird. Dies ist natürlich die baumschonendste Möglichkeit der Anbringung.

Die Meisennisthöhle

Unter den als Nisthilfe bereitgestellten Geräten findet man die Meisennisthöhle am häufigsten. Ihr Bau ist auf den folgenden Seiten ausführlich dargestellt. Nach den Richtlinien der Biologischen Bundesanstalt (BBA; vgl. S. 15) muß der Nistraum, gemessen vom Boden bis zur Fluglochunterkante ein Volumen von wenigstens 1600 ml aufweisen. Dies gilt für alle Nistgeräte für Kleinvogelarten. Der Fluglochdurchmesser der Meisennisthöhle beträgt 3,2–3,4 cm. Die in den Prüfungsvorschriften der BBA genannten Mindestmaße für Boden, Dach und Wände sind der nachfolgenden Bauanleitung zu entnehmen.
Neben der Viereckshöhle gibt es für Meisen auch einen Dreiecksnistkasten, dessen Bau auf S. 28 gezeigt wird. Dort finden sich auch die verbindlichen Mindestmaße (nach DBV-Info »Nistkästen und Nisthilfen«).
Meisennisthöhlen kann man zwischen ca. 1,60 m und 3 m Höhe aufhängen.
In diesen Nistkästen brüten: Kohlmeise, Blaumeise, Tannenmeise, Sumpfmeise, Haubenmeise, Kleiber, Trauerschnäpper, Halsbandschnäpper, Gartenrotschwanz und Feldsperling. Gelegentlich kommt es hier auch zu Bruten des Haussperlings. Selbst der Wendehals zwängt sich, wenn er

Viereckshöhle für Meisen, der verbreiteste Nistkastentyp, befestigt mit einer Hartholzleiste. Bei diesem Kasten wurde die nachfolgend gezeigte Bauweise leicht variiert, die Innenmaße sind jedoch dieselben

Dreieckshöhle für Meisen. Eine einfachere Lösung zum Befestigen der Fluglochwand als die beiden hier zu sehenden Leistchen zeigt nachfolgende Bauanleitung

keine geeignetere andere Nistmöglichkeit findet, durch das Flugloch.
Für die »Kleinmeisen« (Blaumeise, Tannenmeise, Haubenmeise, Sumpfmeise) kann man auch spezielle Nistgeräte mit einem Fluglochdurchmesser von 2,6 cm aufhängen. Ansonsten sind die Maße dieses Kastens dieselben wie bei der erstgenannten Höhle.
Bei der herbstlichen Nisthöhlenkontrolle gibt das alte, während der Aufzuchtzeit der

Nestlinge meist plattgetretene Nest gute Hinweise auf den Benutzer. Oft liegen dort auch noch unbefruchtete Eier oder tote Jungvögel.
Die **Kohlmeise** (Stand- und Strichvogel) ist wohl der häufigste Benutzer dieses Nistkastens. Sie wählt bereits im zeitigen Frühjahr (März) ihren Nistplatz aus. Bis Ende März ist das Moosnest – ausgepolstert mit Wolle und Haaren – fertig. Dann erfolgt die Eiablage. Die Gelegegröße schwankt zwischen 6 und 14 Eiern; diese haben rötliche Flecken auf weißem Grund. Es brütet nur das Weibchen, das in dieser Zeit vom Männchen versorgt wird (Brutdauer 10 bis 14 Tage). Die Jungen werden 16 bis 23 Tage gefüttert. Die Zahl der täglichen Fütterungen liegt im Schnitt bei 600 bis 900 und ist abhängig von der Anzahl der Jungen. Im Regelfall eine Jahresbrut, Zweitbruten sind bei entsprechendem Nahrungsangebot möglich. Die Kohlmeise ist überall da zu Hause, wo sich eine Nistgelegenheit bietet, sei es im Siedlungsbereich, in Klein- und Hausgärten, in Parks, Friedhofsanlagen, Streuobstbeständen oder im Wald.

Kohlmeise

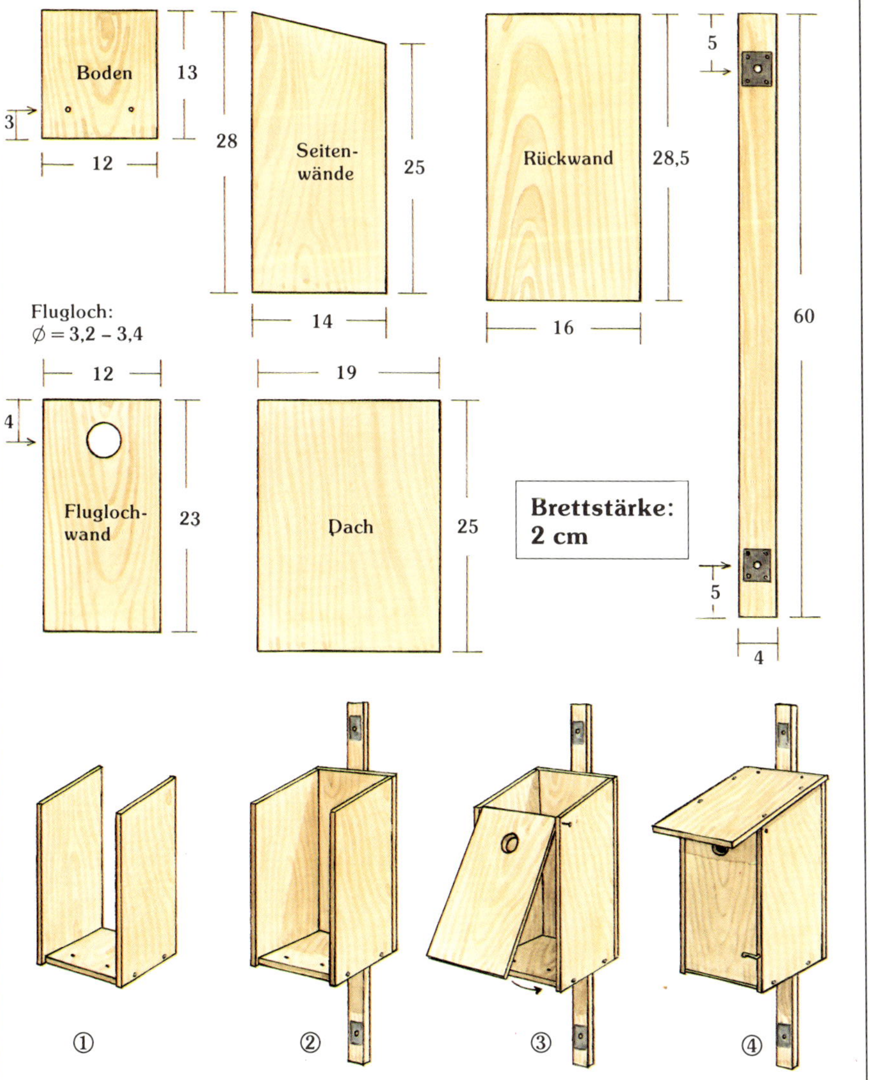

Boden
13
3
12
28
Seiten-
wände
25
14
Rückwand
28,5
16
5
60
5
4
Flugloch:
∅ = 3,2 – 3,4
12
4
Flugloch-
wand
23
19
Dach
25
Brettstärke:
2 cm
①
②
③
④

Bau einer Viereckshöhle für Meisen

Zunächst Einzelteile wie nebenstehend angegeben zurechtschneiden (Maße in cm); der Boden erhält 2 Ablauflöcher mit ca. 0,4 cm Durchmesser.

1. Seitenwände am Boden annageln; sie stehen nach vorn um 1 cm über.

2. Aufhängeleiste an Rückwand annageln, Rückwand an Seitenwänden befestigen.

3. Fluglochwand so einsetzen, daß sie vorn mit den Seitenwänden bündig abschließt; der Boden steht dann 1 cm zurück, um das Öffnen zu erleichtern. Fluglochwand oben mit 2 Nägeln an den Seitenwänden befestigen.

4. Dach aufsetzen, so daß es vorn um 9 cm übersteht; an den Oberkanten der Rückwand und der Seitenwände festnageln.

Zum Festhalten der Fluglochwand kann man unten an der Seitenwand einen Haken anbringen.

Auch die **Blaumeise** ist Stand- wie Strichvogel und wählt ebenfalls bis Ende März ihren Nistplatz aus. Das Nest besteht aus Moos, durchwirkt mit Wolle, Haaren und dürren Halmen. Gelegentlich werden kleinere Federn zur Auspolsterung genommen. Ab Mitte April beginnt die Eiablage. Die Eizahl schwankt zwischen 6 und 14. Das Ei ist weiß mit rötlicher Fleckung. Nur das Weibchen brütet (ca. 2 Wochen Brutdauer). Nach 2½ Wochen fliegen die Jungen aus. Meist eine Jahresbrut. Misch- und Laubwälder, Parks, Garten- und Friedhofsanlagen sowie Streuobstbestände stellen ihre Lebensräume dar.

Tannenmeise

Die **Tannenmeise** ist die kleinste einheimische Meisenart und wie die bisher genannten Stand- und Strichvogel. Anfang März sucht sie den Nistplatz. Das Moosnest wird mit Haaren und kleineren Federn ausgekleidet. Ab Ende März ist Gelegebeginn. Die 6 bis 12 weißlichen Eier haben feine rötliche Tupfen. Nach einer Brutzeit von 2½ Wochen (nur das Weibchen brütet) schlüpfen die Jungen, nach knapp 3 Wochen verlassen sie flügge das Nest. Meist zwei Jahresbruten. Die Tannenmeise lebt

Blaumeise

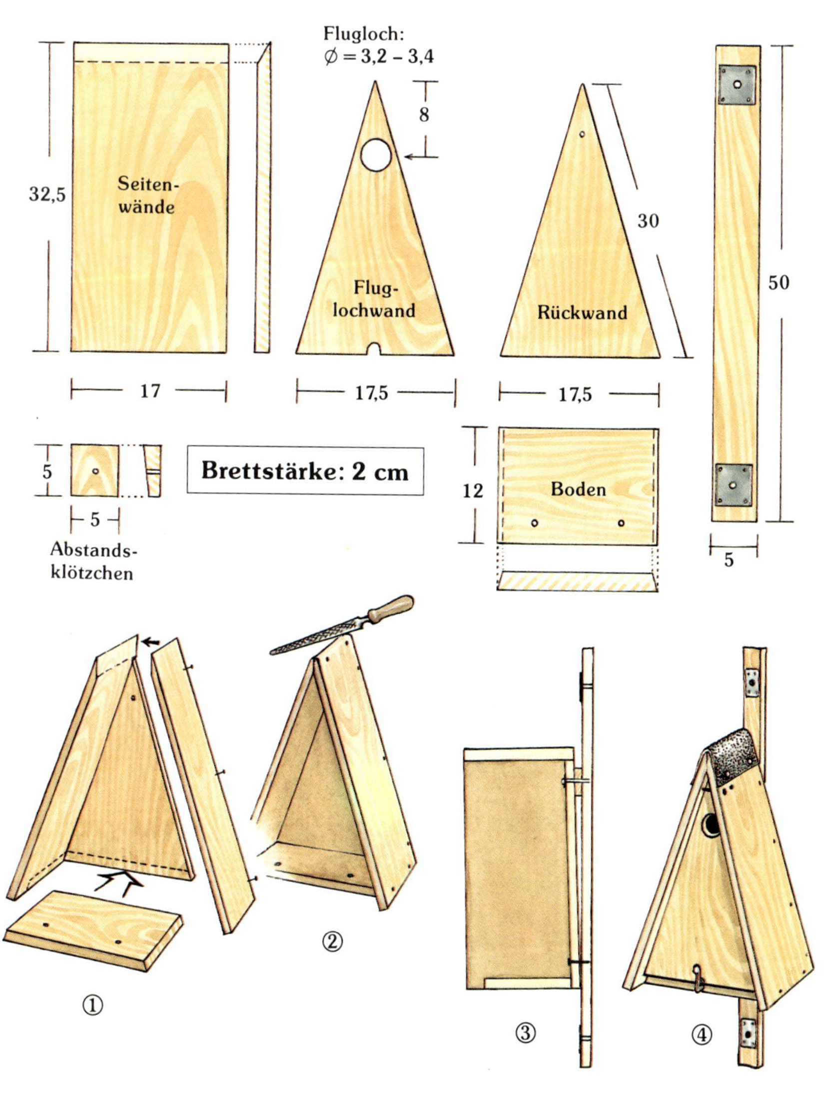

Flugloch:
∅ = 3,2 – 3,4
32,5
Seiten-
wände
17
8
Flug-
lochwand
17,5
30
Rückwand
17,5
50
5
5
5
Abstands-
klötzchen
Brettstärke: 2 cm
12
Boden
①
②
③
④

Bau einer Dreieckshöhle für Meisen
Einzelteile wie nebenstehend angegeben zurechtschneiden (Maße in cm). Ablauflöcher in den Boden bohren. Die Seitenwände müssen oben auf halbe Holzstärke abgeschrägt werden.
Die Fluglochwand erhält unten eine Kerbe für die Halbflügelschraube.
Da hier kein vorstehendes Dach vorhanden ist, muß der Kasten unbedingt nach vorn geneigt hängen. Dafür sorgt das Abstandsklötzchen, das man ebenfalls abschrägen kann.
1. Seitenwände so an der Rückwand befestigen, daß die abgeschrägten Kanten aufeinander zu liegen kommen.
2. Seitenwände oben zusammennageln und abrunden, dann Boden an Seitenwänden und Rückwand befestigen.
3. Abstandsklötzchen und Aufhängeleiste anbringen.
4. Fluglochwand einsetzen; je ein Nagel vor und hinter dieser Wand (etwa 5 cm unter der Giebelspitze) dient zum Festhalten. In die Vorderkante des Bodens wird eine Halbflügelschraube (»Wiener Reiber«) eingedreht.
Anschließend wird Dachpappe angebracht, entweder nur am Giebel oder über den ganzen Seitenwänden.

---

vor allem in reinen Nadelwäldern, aber auch in Mischwäldern mit Nadelbaumanteilen sowie in Parkanlagen und Gärten mit Koniferen.
Seltener als Kohl-, Blau- und Tannenmeise wird die **Sumpfmeise** in künstlichen Nistgeräten angetroffen. Sie ist Stand- und Strichvogel. Bis Ende März hat sie ihren Nistplatz gewählt. Das Moosnest wird mit Haaren, Daunen und Fellstückchen verfilzt und ausgepolstert. Die Eiablage erfolgt im April/Mai. Die 7 bis 10 weißen Eier sind rötlich gefleckt (Verdichtung der Flecken am stumpfen Pol). Nach 14 bis 17 Tagen schlüpfen die Jungen. Sie verlassen nach knapp 3 Wochen die Nisthöhle. Überwiegend eine Jahresbrut. Ihre Lebensräume finden sich in Auwäldern, Obstgärten, Feldgehölzbeständen, größeren Garten- und Parkanlagen sowie in Uferbereichen mit Gehölzbewuchs.
Oft zimmert die **Haubenmeise** ihre Höhle selbst: sie nimmt aber auch Nistgeräte an. Ihre Brutheimat verläßt sie nicht (Standvogel). Den Nistplatz sucht sie recht früh (meist Anfang März) aus. Das Nistmaterial besteht überwiegend aus Moos und Haaren. Ab Mitte März werden die Eier abgelegt. Die Gelegegröße schwankt zwischen

---

Sumpfmeise

Haubenmeise

Kleiber

5 und 10 Eiern (Eigrundfarbe weiß mit rötlichen Flecken). Nach $2^1/_2$ Wochen schlüpfen die Jungen, nach weiteren 3 Wochen verlassen sie flügge das Nest. Vorwiegend eine Jahresbrut; jedoch kann es in bestimmten Lebensräumen auch regelmäßig zu zweiten Bruten kommen. Nadelholzbestände oder Mischwälder mit hohem Anteil an Nadelbäumen sind die bevorzugten Biotope. Aber auch nadelbaumbestandene Parkanlagen, Friedhöfe und Gärten werden als Brutgebiet angenommen.
Die hier vorgestellten brutbiologischen Kennzeichen der verschiedenen Meisenarten machen deutlich, daß die Unterscheidung an Hand der Nistmaterialanalyse oder liegengebliebener Eier zum Zeitpunkt der herbstlichen Nistkastenkontrolle äußerst schwierig ist. Es lohnt sich daher, während der Aufzuchtzeit der Jungen (meist erste Maihälfte) von einem guten Versteck aus die anfliegenden Altvögel zu bestimmen.
Wenn das Flugloch des Nistkastens mit klebrigem Material versehen ist, kann man davon ausgehen, daß dort ein **Kleiber** seinen Brutplatz gewählt hat. Verschiedentlich werden mit einem Gemisch aus feuchter Erde und Speichel auch das Flugloch verkleinert und alle vorhandenen Ritze fest »zuzementiert«. Einen solchen Nistkasten bekommt man nur mit viel Mühe wieder auf. Das Kleben ist überwiegend die Arbeit des Weibchens. Der Kleiber kann als Stand- wie Strichvogel auftreten. Nach Auswahl des Nistplatzes im März (Nistmaterial: Spiegelrinde, Rindenstücke, dürre

Blatteile) beginnt im April die Eiablage. Die Gelegegröße schwankt meist zwischen 5 und 9 Eiern (Grundfarbe weiß mit bräunlichrötlichen Flecken). Die Bebrütungszeit durch das Weibchen liegt bei 15 bis 18 Tagen. Nach rund 3 Wochen, etwa bis Mitte Mai, sind die Nestlinge flügge. Es wird eine Jahresbrut getätigt. Den Lebensraum bilden Laub- und Mischwälder ebenso wie Streuobstbestände, Parkanlagen und Gärten.

Der **Trauerschnäpper** ist bei uns vielerorts ausschließlich auf Nistgeräte angewiesen. Er ist Zugvogel (Langstreckenzieher) und erscheint im April wieder in seinem Brutrevier. Nach Auswahl des Nistkastens (oft kommt es zu Kämpfen mit anderen Höhlenbewohnern, z. B. Meisen, die bereits den betreffenden Kasten als Brutplatz auserkoren haben) wird das Nest aus Grashalmen, Laub, Moos, kleinen Wurzeln und Rindenstückchen gebaut. Anfang Mai legt das Weibchen zwischen 4 und 8 Eier (bläulichgrün gefärbt), um sie dann allein zu bebrüten. Nach rund 15 Tagen schlüpfen die Jungen und sind nach weiteren 14 bis 16 Tagen flügge (meist Mitte Juni). Bereits ab Anfang Juli verlassen sie ihre Brutreviere. Nur eine Jahresbrut. Lebensräume des Trauerschnäppers sind durchsonnte Altholzbestände aus Laub- und Nadelbäumen, Parkanlagen, Gärten, Streuobstflächen und Feldgehölzbestände.

Der **Halsbandschnäpper** ist wie der Trauerschnäpper ein Zugvogel, der gegen Ende April in seinem Brutgebiet (bei uns vor allem Süddeutschland) eintrifft. Das Nest ähnelt dem des Trauerschnäppers. Gleiches gilt für Gelegegröße (Eifarbe: helles Blau), Bebrütungs- und Fütterungszeit. Auch hier nur eine Jahresbrut. Zu den bevorzugten Lebensräumen zählen Laubwälder, Parkanlagen, Streuobstflächen und Gärten.

Trauerschnäpper (Weibchen)

Bestandsbedroht: Halsbandschnäpper

Bestandsbedroht: Gartenrotschwanz

Feldsperlinge

Auch der **Gartenrotschwanz** ist ein Zugvogel, der sich in der ersten Aprilhälfte in seiner Brutheimat einfindet. Er zählt heute zu den bestandsbedrohten Brutvogelarten. Das Nest des Gartenrotschwanzes besteht aus Grashalmen, Moos, kleinen Ästen und ähnlichem Material; ausgepolstert ist es mit Haaren und Federn. Anders als bei Meisen und Trauerschnäpper wird es meist nicht in der Mitte des Nistkastenbodens, sondern an der Hinterwand bzw. seitlich verschoben (exzentrisch) angelegt. Ab Anfang Mai erfolgt die Eiablage (5 bis 8 Eier, grünlichblau gefärbt). Die Brutzeit beläuft sich auf rund 2 Wochen: nur das Weibchen brütet. Etwa ebenso lang wird gefüttert, bis die Jungen dann ausfliegen. Im allgemeinen zwei Jahresbruten. Lichte Laub- und Mischwälder kommen ebenso als Brutrevier in Frage wie Parkanlagen, Streuobstflächen und Gärten (sogar mitten in der Großstadt). Neben Meisenkästen nimmt der Gartenrotschwanz auch Nisthöhlen mit größerem Flugloch an. Selbst Halbhöhlen werden gerne zum Brüten benutzt. Dem Gartenrotschwanz kann man auch einen speziellen Nistkasten anbieten, der die Maße des Meisen- oder auch des Starenkastens (s. S. 34) haben darf, jedoch ein ovales Flugloch erhält (Durchmesser quer: 3 cm, längs: 4,5 cm). Diese Fluglochform verhindert die Besetzung der Höhle durch Stare.

Schließlich gehört auch der **Feldsperling** zu den Benutzern der Meisenhöhle. Er ist Stand- und Strichvogel. Im März/April trifft er die Brutplatzwahl. Das Nest besteht aus langen Grashalmen und wird mit Federn – meist Hühnerfedern – innen ausgepolstert. Es ist nach oben überwölbt, der

Ausgang befindet sich an der Seite. Ab Ende April werden die Eier gelegt, in Gelegegrößen zwischen 4 und 6 Stück. Die Eier zeigen auf hellem Grund zahlreiche dunkle Flecken. Männchen und Weibchen brüten gemeinsam. Nach knapp 2 Wochen schlüpfen die Jungen, und nach weiteren 14 Tagen verlassen sie das Nest. Der Feldsperling tätigt zwei (bis drei) Bruten jährlich. Lebensräume sind Feldgehölze, Waldränder, Garten- und Streuobstanlagen. Bei nicht wenigen Menschen bestehen gegenüber dem Feldsperling Vorbehalte. So wird er oft als schlimmer »Schädling« angesehen. Dies ist jedoch völlig unbegründet, wie wissenschaftliche Untersuchungen gezeigt haben: Der Feldsperling lebt wie alle Bewohner der Meisenhöhle vornehmlich von Insekten und ist daher ein ebenso guter »Helfer« bei der biologischen Schädlingsverminderung wie die anderen Arten.

Der **Haussperling** ist als Standvogel ein typischer Brutvogel unserer Siedlungen. In oder an Gebäuden (in Mauerlöchern, zwischen dem Dachgebälk, in Mehlschwalbennestern), aber auch in Baumhöhlen und selbst im Bereich von Kletterpflanzen an Mauern baut er sein Nest. Dazu verwendet er überwiegend Grashalme, Stroh, Plastikstreifen und ähnliches; ausgepolstert wird das überwölbte Nest mit Federn (besonders Hühnerfedern). In Meisen- und Starennistkästen wird er ebenfalls brütend angetroffen. Legebeginn ist die zweite Aprilhälfte. Zwei bis drei Jahresbruten. Gelegegröße 3 bis 6 Eier, Eifärbung variabel mit Grundfarben weißbläulich bis hellgrünlich, mit dunkelgrauen oder dunkelbraunen Flecken. Beide Altvögel brüten. Nach 2 Wochen schlüpfen die Jungen, nach weiteren 2 Wochen sind die Nestlinge flügge. Das früher oft übliche Ausnehmen von Haussperlingsbruten ist nach den heutigen Naturschutzgesetzen zu Recht verboten. In letzter Zeit wurden große Bestandsrückgänge beobachtet.

Haussperling beim Füttern

Die Starennisthöhle

Der Nistkasten für den Star dürfte das wohl älteste Nistgerät für höhlenbrütende Vogelarten sein.
Die artgerechte Starennisthöhle wird analog der Viereckshöhle für Meisen konstruiert; dabei müssen die entsprechend größeren Abmessungen nach den Vorschriften der BBA beachtet werden, wie sie nachfolgend aufgeführt sind.

Maße für die Starennisthöhle	
Brettstärke	2 cm
Fluglochweite	4,6–5 cm
Fluglochwand*	14 x 26 cm
Rückwand	18 x 31 cm
Seitenwände	15 x 27,5 x 31 cm
Boden	14 x 14 cm
Dach	21 x 25 cm
Aufhängeleiste	4 x 2 x 70 cm

* Abstand Oberkante – Fluglochmitte: 4 cm

Neben dem Star brüten auch Wendehals und Wiedehopf in diesem Nistgerät. Am Rande sei vermerkt, daß auch die im Abschnitt Meisennisthöhle genannten Vogelarten sich hier zur Brut einfinden können. Früher wurde unterhalb des Einfluglochs des Starenkastens eine Sitzstange angebracht, um dem anfliegenden Altvogel eine Aufsitzmöglichkeit zu bieten. Es hat sich jedoch gezeigt, daß dies völlig überflüssig ist. Diese Stange gibt vielmehr nestplündernden Tieren eine gute Ansitzmöglichkeit, um Eier oder Junge aus dem Kasten herauszuholen.

Der **Star**, ein Teilzieher, wählt im März seinen Brutplatz in Höhlen, in Mauern, unter Dächern, in Baumhöhlen und nicht zuletzt in Nistkästen. Sein Nest besteht hauptsächlich aus Grashalmen, Stroh und Federn. Mit der Eiablage kann ab Mitte April gerechnet werden. Das Gelege besteht aus 3 bis 6 hellblau gefärbten Eiern. Weibchen und Männchen brüten. Nach 2 Wochen schlüpfen die Jungen, die nach ca. 3 Wochen flügge das Nest verlassen. In der Regel eine Jahresbrut (gelegentlich auch zwei). Man trifft den Star überall dort, wo geeignete Nistmöglichkeiten vorhanden sind: in Altholzbeständen, Feldgehölzen, Streuobstgebieten, Park- und Gartenanlagen und Gebäuden. Nach der Brutzeit werden Schwärme gebildet.
Auch der **Wendehals** nimmt gerne Starennisthöhlen als Brutplatz an. Diese Vogelart gilt als bestandsbedroht, ihre Brutpopulation ist stark rückläufig. Als

Stare

Zugvogel trifft der Wendehals meist in der ersten Aprilhälfte in seinem Brutgebiet ein. Ein Nest baut er nicht. Ist der gewählte Nistplatz bereits von einer anderen Höhlenbrüterart besetzt, so wirft er deren Nistmaterial hinaus, ebenso bereits vorhandene Eier. Ab Mitte Mai werden die weißen Eier gelegt (7 bis 10 je Gelege). Beide Altvögel brüten; nach knapp 14 Tagen schlüpfen die Jungen, nach weiteren rund 21 Tagen verlassen sie den Nistplatz. Das besetzte Nistgerät riecht nach Ameisensäure, da dieser Vogel seine Jungen überwiegend mit Rasenameisen füttert. Die in der Mundhöhle und im Schnabel herangetragene Beute umfaßt je Fütterung 100 bis 400 Tiere (meist Ameisenpuppen und -larven). Es werden jährlich ein bis zwei Bruten aufgezogen. Zu den Lebensräumen dieser Vogelart zählen Streuobstflächen, Gärten, Bestände von Feldgehölzen, Baumalleen, Parkanlagen und lichte Waldränder. Notfalls bezieht der Wendehals auch Meisenkästen mit einem Fluglochdurchmesser von 3,4 cm.

Stark bedrohte Art: Wendehals

Vom Aussterben bedroht: Wiedehopf

Der **Wiedehopf**, der ebenfalls im Starennistkasten brütet (aber auch Hohltaubenkästen annimmt), gehört zu den Vogelarten, die als »vom Aussterben bedroht« anzusehen sind. Sein Vorkommen ist in Mitteleuropa auf nur noch wenige Gebiete (»Brutinseln«) beschränkt. Er trifft im April, aus seinem südlichen Winterquartier kommend, im Brutgebiet ein. Es wird kein Nest gebaut, die 4 bis 8 grauweißen Eier werden auf den Nistkastenboden gelegt. Nur das Weibchen brütet. Nach 16 bis 18 Tagen schlüpfen die Jungen. Sie verlassen nach 3½ Wochen das Nest. Überwiegend nur eine Jahresbrut. Der Wiedehopf ist ein Bewohner offener Landschaften mit warmem und recht trockenem Klima. Streuobstanlagen, Weinbaugebiete mit Baumbestand, Feldgehölze, lichte Waldränder sowie Gartenanlagen (hier brütet er gerne unter dem Dach von Gartenhütten) stellen die Lebensräume des Wiedehopfes dar.

Die Hohltaubennisthöhle

Die Hohltaube ist die einzige Taube, die ihre Jungen in Baumhöhlen großzieht, wobei sie Löcher verwendet, die vom Schwarzspecht in Bäume geschlagen wurden. Aber auch spezielle Nistgeräte werden gerne angenommen. Aussehen und Zusammenbau der Hohltaubennisthöhle werden aus nebenstehender Abbildung ersichtlich; es liegt das Bauprinzip der Meisennisthöhle zugrunde. Die Mindestmaße sind der nachfolgenden Übersicht zu entnehmen.

Maße für die Hohltaubennisthöhle	
Brettstärke	2,5 cm
Fluglochweite	8–9 cm
Fluglochwand*	25 x 34 cm
Rückwand	30 x 38 cm
Seitenwände	26,3 x 36 x 38 cm
Boden**	25 x 25 cm
Dach	34 x 36 cm
Aufhängeleiste	6 x 2 x 85 cm

* Abstand Oberkante – Fluglochmitte: 8 cm
** mit 4–6 Ablauflöchern, Ø je ca. 0,3 cm

Man kann natürlich auch aus einem entsprechend großen Baumstammstück eine künstliche Nisthöhle für diese Vogelart herrichten, was aber weit arbeitsaufwendiger ist. Ein Nistgerät für die Hohltaube muß im Wald (lockerer Altbuchenbestand) in mindestens 5 m Höhe (vorteilhafter bei 8–9 m) aufgehängt werden. Dieses Gerät wird ebenfalls von Dohle, Rauhfußkauz und Wiedehopf zum Brüten benutzt. Für die beiden erstgenannten Vogelarten gilt die gleiche Aufhängehöhe der Nisthöhle wie für die Hohltaube. Für den Wiedehopf vorgesehene Geräte müssen selbstverständlich in dessen bevorzugten Lebensräumen angebracht werden (s. S. 35). Hier genügt eine Aufhängehöhe von 3–5 m. In den Roten Listen der bestandsgefährdeten Brutvogelarten wird die **Hohltaube** in der Kategorie »stark bedroht« geführt. Der Rückgang von Altholzbeständen und die Verminderung der Ernährungsgrundla-

Der Zusammenbau der Hohltaubennisthöhle erfolgt wie bei der Viereckshöhle für Meisen. Bei Kästen dieser Größe sind ein oder zwei Messingriegel zum Festhalten der Fluglochwand zweckmäßig

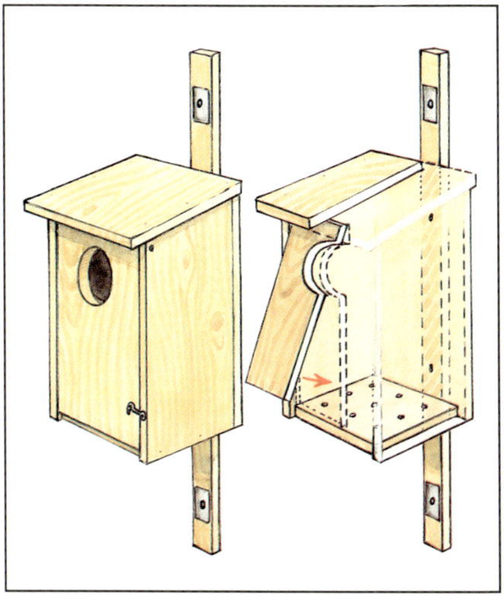

Auch die Hohltaube zählt zu den stark gefährdeten Arten

Dohle (rechts) und Turmfalke im Streit um den Nistplatz

gen (z. B. durch Intensivierung der Landwirtschaft, insbesondere durch das Verschwinden der sogenannten Ackerunkräuter) werden als Ursachen angesehen. Der vor allem im Mittelmeergebiet überwinternde Zugvogel trifft im März in seinem Brutgebiet ein. Als Nistmaterial dient dürres Laub. Oft werden die Eier auch einfach auf den Nisthöhlenboden gelegt. Wie bei allen Taubenarten besteht das Gelege aus 2 weißen Eiern. Beide Altvögel bebrüten $2\frac{1}{2}$ Wochen lang das Gelege. Die Fütterung der Nestlinge kann je nach den gegebenen Umständen bis zu einem Monat dauern. Die Zahl der Jahresbruten beläuft sich auf zwei bis drei. Unter günstigen Bedingungen können jedoch auch vier Bruten jährlich aufgezogen werden. Lebensräume sind lichte Altholzbestände in Feldnähe, größere Feldgehölze, Parkanlagen und Alleen.

Die zu den Krähenvögeln zählende **Dohle** ist ebenfalls ein Höhlenbrüter. Sie ist Stand- und Strichvogel und lebt meist in kleineren oder größeren sozialen Gemeinschaften (Koloniebrüter). Bereits im zeitigen Frühjahr findet sie sich an ihrem Brutplatz ein. Als Nistmaterial dienen Reisig, Fasern, Tierwolle, Stroh und Stoffreste. Ab April erfolgt die Eiablage (Gelegegröße 4 bis 6, Eifarbe hellblau mit dunklen Flekken). Nur das Weibchen brütet; es wird vom Männchen mit Futter versorgt. Nach $2\frac{1}{2}$ Wochen schlüpfen die Jungen. Die Nestlingszeit beträgt 4 bis 5 Wochen. Jährlich wird eine Brut getätigt. Nicht selten wurde bei Dohlen eine lebenslange Paarbindung nachgewiesen. Als Brutplätze kommen Türme, Burg- und Wallanlagen, Steinbrüche und Brückenkonstruktionen, Baumhöhlen und – eben auch – künstliche Nistgeräte in Frage.

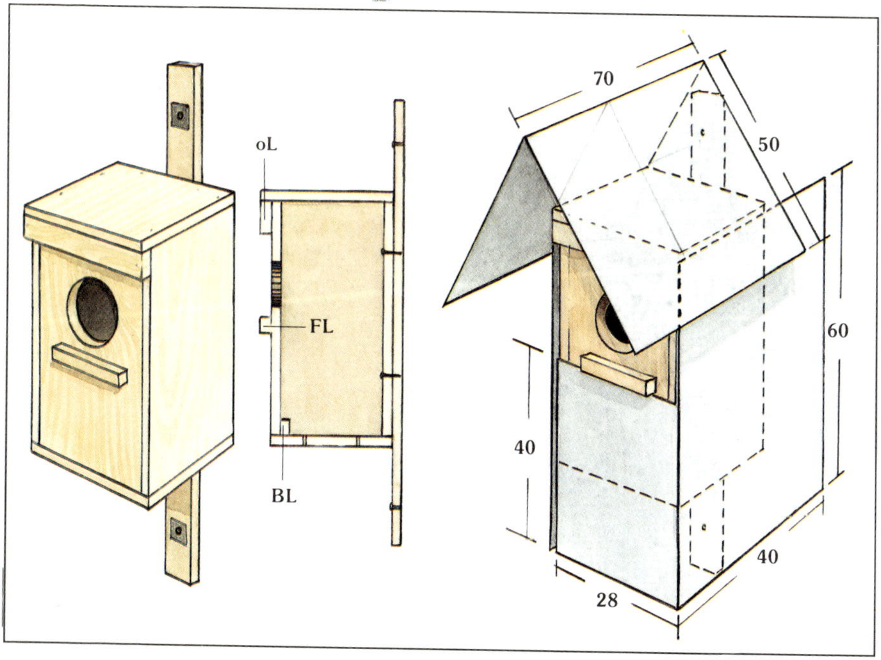

Rauhfußkauz-Spezialkasten; auch hier wird die Fluglochwand nur oben befestigt, so daß sie sich unten aufklappen läßt. Ein zusätzlicher »Mantel« aus verzinktem Blech (rechts) schützt vor Plünderungen durch Marder (Maße in cm)

Der **Rauhfußkauz** ist ein weiterer Bewohner der Hohltaubennisthöhle. Bewährt hat sich aber auch der von A. Franz im Siegerland entwickelte Spezialkasten, dessen Bau obenstehende Abbildung zeigt. Mit Hilfe von Blechen kann man diesen Kasten auch mardersicher machen, wie in der zweiten Abbildung veranschaulicht.

Gerade beim Rauhfußkauz hat sich ein ausreichender Marderschutz als förderlich erwiesen.

Da dieser Kauz überwiegend Standvogel ist, lebt er das ganze Jahr in seinem Revier. Meist werden ab März die Eier gelegt (4 bis 6 je Gelege, im Extremfall bis zu 10; Eifarbe weiß). Ein Nestbau findet nicht statt. Nur das Weibchen brütet und wird während dieser Zeit vom Männchen gefüttert. Nach einer Brutdauer von knapp einem Monat schlüpfen die Jungen, die dann noch einmal einen Monat am Nistplatz gefüttert werden. Eine Jahresbrut, zuweilen auch zwei. Lebensräume des Rauhfußkauzes sind große Waldungen

Maße für den Rauhfußkauz-Spezialkasten	
Brettstärke	2,5 cm
Fluglochweite	7–7,5 cm
Fluglochwand*	23 x 39,5 cm
Festhalteleiste *(FL)*	2,5 x 2 x 14 cm
obere Leiste *(oL)*	5 x 2,5 x 28 cm
Rückwand	23 x 40 cm
Seitenwände	21,5 x 40 cm
Boden**	21,5 x 28 cm
Bodenleiste *(BL)*	3 x 2 x 23 cm
Dach	24 x 28 cm
Aufhängeleiste	6 x 2 x 85 cm

* Abstand Oberkante – Fluglochmitte: 14,5 cm

** Abflauflöcher wie Hohltaubennisthöhle

mit Altholzbeständen und geeigneten natürlichen Nisthöhlen (meist Schwarzspechthöhlen). Es hat sich aber gezeigt, daß auch künstliche Nistgeräte gerne angenommen werden.

Laut »Roter Liste« potentiell bedroht: der Rauhfußkauz

Die Steinkauznisthöhle

Der Steinkauz gehört zu den bestandsbedrohten »Rote-Liste-Arten«. Als Nistplätze bevorzugt er Baumhöhlen in Obstbäumen und Kopfweiden sowie Nischen in Scheunen, Speichern und ähnliches. Eine wesentliche Ursache für seinen Bestandsrückgang ist vielerorts gerade der Mangel an solchen Nistgelegenheiten bzw. an geeigneten Höhlen. Helfen kann man hier mit verschiedenen Nistgeräten.

Mit den Maßen, die in der nachfolgenden Übersicht angegeben sind (nach BBA), kann man einen Kasten analog der Meisen- bzw. Hohltaubennisthöhle bauen.
Es hat sich jedoch gezeigt, daß Nisthilfen in Röhrenform besonders gerne angenommen werden. Dieser Nistgerätetyp wurde von dem Saarländer L. Schwarzenberg entwickelt. Die Niströhre besteht aus Holzlatten, die mit Dachpappe umkleidet sind.

Maße für die Steinkauznisthöhle (Bau wie Meisennisthöhle)	
Brettstärke	2 cm
Fluglochweite	8 cm
Fluglochwand*	17 x 31 cm
Rückwand	21 x 37,5 cm
Seitenwände	18 x 32,5 x 37,5 cm
Boden	17 x 17 cm
Dach	24 x 31 cm
Aufhängeleiste	6 x 2 x 85 cm

* Abstand Oberkante – Fluglochmitte: 6 cm

Ein einfach zu bauender länglicher Nistkasten hat sich ebenfalls bewährt. Maße und Bauanleitungen für beide Varianten können den nachfolgenden Abbildungen entnommen werden. Viele Praktiker vertreten die Auffassung, daß eine zusätzlich eingebaute Zwischenwand der Sicherheit vor Mardern dient; in diesem Punkt gehen jedoch die Meinungen auseinander. Von Vorteil ist eine im hinteren Bereich der Röhre eingebrachte, etwa 1 cm dicke Einstreu aus Sägemehl, Baumerde (Erde mit halbverrottetem Humus) oder ähnlichem Material. Sie dient als Unterlage für das Gelege und nimmt während der Aufzucht der Jungen Feuchtigkeit auf (sehr wäßriger Kot).

Geräte dieser Art sollte man unter- oder besser noch oberhalb eines möglichst waagrechten Astes im Obstbaum oder zwischen den Ästen einer Kopfweide aufhängen. Röhre bzw. Kasten werden dazu entweder mit kurzen, stabilen Aluminiumketten versehen oder mit kräftigem Draht an der Astober- oder -unterseite festgemacht.

Bau einer Steinkauzröhre

(vgl. Abbildung rechts)

Bauteile:

A = vordere Scheibe mit Schlupfloch (Ø 8 cm) und Kontrolloch (Ø 2 cm)
B = Zwischenscheibe mit Schlupfloch (Ø 8 cm) und Lüftungslöchern (Ø 1,5 cm)
C = hintere Scheibe mit Reinigungsöffnung (Ø 10 cm)

Die Scheiben A, B und C müssen aus Hartholz angefertigt werden; sie haben einen Durchmesser von 18 cm und sind 3 cm stark.

T = Trennwand; 7 x 8 cm, Stärke 1,2 cm
D = Deckel; Ø 17 cm, Stärke 1 cm

Weiterhin werden benötigt:
ca. 29 Latten (25 x 12 cm), davon 6 mit 95 cm, die restlichen mit 100 cm Länge.

Das Anfertigen der Scheiben erfordert schon etwas handwerkliches Geschick und geeignetes Werkzeug.

Zunächst werden die Scheiben A und B mit der Trennwand T verschraubt. Das vordere Schlupfloch (von A) liegt links von T, das hintere (von B) rechts.

Mit dem Aufnageln der Latten beginnt man am besten oben; die hintere Scheibe C wird nach Anbringen der ersten Latten in der richtigen Position befestigt.

Zum Schluß wird der Deckel D aufgeschraubt und die Röhre mit Dachpappe versehen.

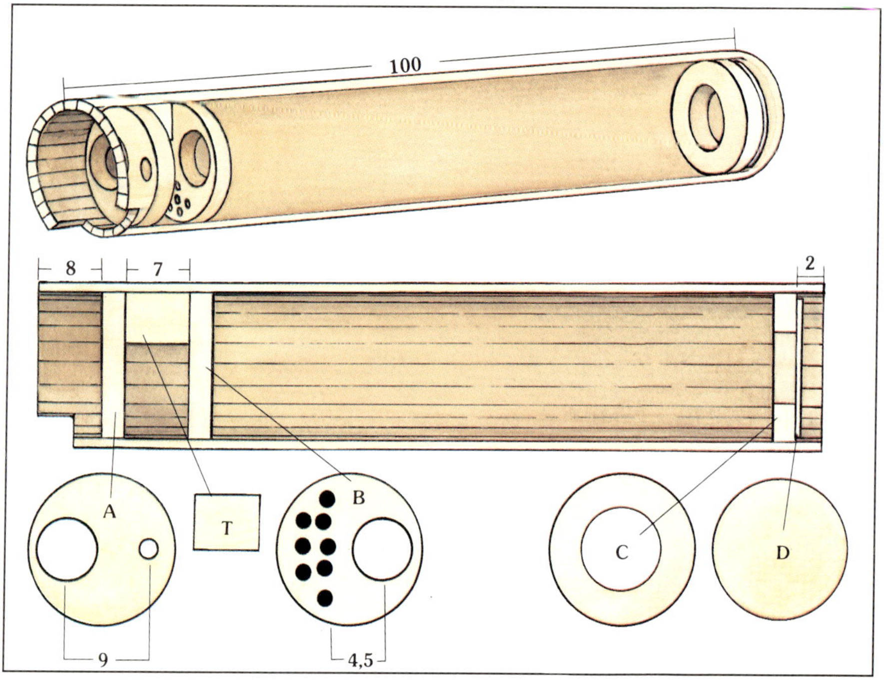

Steinkauzröhre

Stark bedrohte Art: der Steinkauz

Maße für die viereckige Steinkauzröhre	
Fluglochweite	8 cm
Fluglochwand*	16 x 16,8 cm
Rückwand*	16 x 16,8 cm
8 Latten für Boden	2 x 1,2 x 95 cm
Je 9 Latten für Seitenwände	2 x 1,2 x 95 cm
10 Latten für Dach	2 x 1,2 x 100 cm

* 5 cm Brettstärke

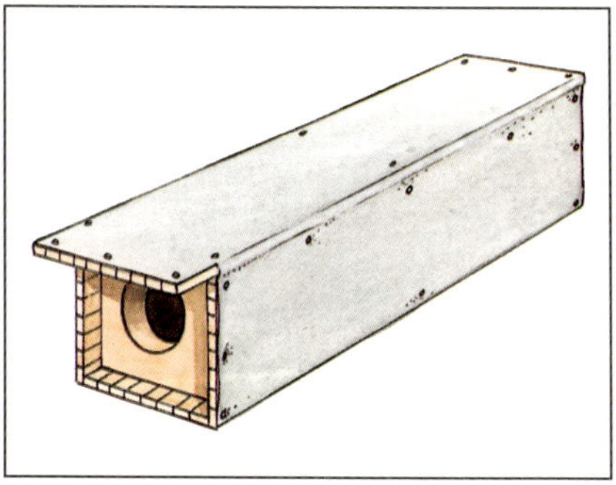

Bau einer viereckigen Röhre
(Maße nebenstehend)
Die Fluglochwand steht gegenüber dem Dach um 8 cm zurück, die Rückwand schließt bündig mit den Lattenenden ab. Auch diese Röhre wird mit Dachpappe umkleidet

Als Standvogel ist der **Steinkauz** während des ganzen Jahres in seinem Revier. Das Gelege wird von Mitte April bis Mitte Mai getätigt (Eizahl 3 bis 5, Eifarbe weiß). Das Weibchen bebrütet die Eier allein. Nach rund 4 Wochen schlüpfen die Jungen und verlassen dann nach weiteren 5 Wochen den Nistplatz. Voll flugfähig sind sie aber erst nach 7 Wochen. Nur eine Jahresbrut.

Lebensräume der Steinkäuze sind vor allem Streuobstflächen, Gebäude am Siedlungsrand und Kopfweidenbestände.

Die Waldkauznisthöhle

Auch der Waldkauz, der größere »Vetter« des Steinkauzes, ist Höhlenbrüter. Die nach dem Prinzip des Meisenkastens gebaute Nisthöhle sollte die in der nachfolgenden Übersicht genannten Mindestmaße aufweisen. Neben Baumhöhlen nimmt diese Art auch Felsenhöhlen, Dachböden und Mauerlöcher an, besonders gerne aber entsprechende Nistkästen in Gärten und lichten Waldungen.

Der **Waldkauz** ist Standvogel. Bereits ab Mitte Februar kann mit den ersten Eiern gerechnet werden, Hauptlegezeit ist jedoch der März. Das Gelege besteht meist aus 3 bis 5 Eiern (Eifarbe weiß). Die Bebrütung erfolgt ausschließlich durch das Weibchen. Nach einem Monat schlüpfen die jungen Käuze, die nach weiteren 5 Wochen, noch nicht voll flugfähig, das Nest verlassen. Insgesamt benötigen die

Maße für die Waldkauznisthöhle	
Brettstärke	2,5 cm
Fluglochweite	12 13 cm
Fluglochwand*	25 x 40 cm
Rückwand	30 x 44 cm
Seitenwände	28 x 42 x 44 cm
Boden	25 x 26,8 cm
Dach	34 x 38 cm
Aufhängeleiste	6 x 2 x 95 cm

* Abstand Oberkante – Fluglochmitte: 14 cm

Jungen 2½ Monate, bis sie selbständig sind. Eine Jahresbrut. Der Waldkauz ist eine der am häufigsten vorkommenden einheimischen Eulenarten. Seine Lebensräume sind lichte Altholzbestände in Laub- und Mischwäldern. Ferner findet man ihn auch in Friedhofs- und Parkanlagen, Alleen und größeren Gärten. Selbst inmitten der Großstädte schreitet er zur Brut, wenn Brutplatz und Ernährung gesichert sind.

Waldkäuze

Der Schleiereulenkasten

Die Schleiereule brütet in Kirchtürmen, Scheunen (mit »Eulenlöchern«), auf Dachböden, in Ruinen und ähnlichen Gebäuden. Sie nimmt auch Nistkästen an. Diese müssen jedoch entsprechend dem jeweiligen Raumangebot in den genannten Bauwerken gestaltet werden. Wichtig ist, daß der künstliche Brutplatz gewissen Mindestanforderungen genügt, wie sie in der nachfolgenden Übersicht und Abbildung dargestellt sind. Das Dach sollte zur Hälfte aufklappbar sein, damit eine Kontrolle des Kastens möglich ist. Ferner hat es sich als praktikabel erwiesen, innen neben dem Einflugloch eine schmale Trennwand einzuziehen, die den eigentlichen Brutraum vom Einflug trennt und gleichzeitig den Lichteinfall in diesem Bereich erheblich mindert. Der Nistkasten sollte möglichst hinter einem Mauerdurchbruch, also

Maße für den Schleiereulenkasten	
Brettstärke	2,5 cm
Fluglochgröße	12 x 18 cm
Fluglochwand*	100 x 50 cm
Rückwand	100 x 50 cm
Seitenwände	45 x 50 cm
Boden	100 x 50 cm
Dach	100 x 50 cm
Trennwand *(T)*	25 x 45 cm

* Abstand Seitenkante – Flugloch: ca. 3 cm; das Flugloch kann aber auch der Einfachheit halber direkt an der Seitenkante ausgeschnitten werden, so daß es links mit der Seitenwand abschließt.

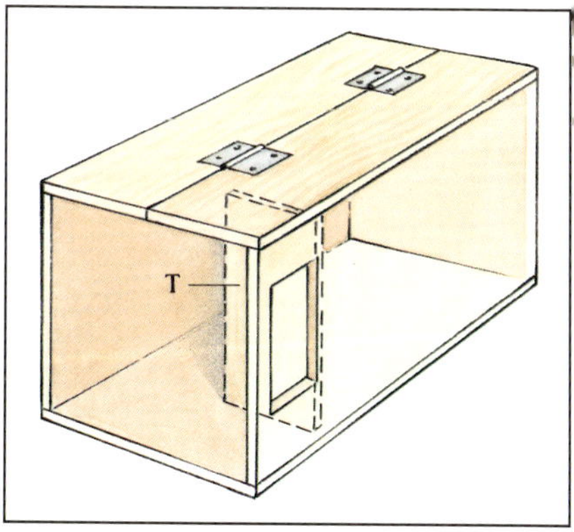

Schleiereulenkasten

einem »Eulenloch«, aufgestellt werden. Eine Reinigung des Gerätes ist nicht in jedem Jahr notwendig. Im Brutraum des Nistkastens kann eine 1–2 cm dicke Einstreu aus Sägemehl oder Torf eingebracht werden. Sie dient der Aufnahme von Feuchtigkeit während der Aufzucht (wäßriger Kot).

Die **Schleiereule** ist im wesentlichen Standvogel. Lediglich die Jungvögel verlassen nach dem Selbständigwerden das elterliche Brutrevier. Ab März werden die Eier für die erste Brut gelegt. Im Schnitt sind es 3 bis 7 je Gelege. Das Weibchen bebrütet die Eier allein; nach knapp 5 Wochen schlüpfen die Nestlinge. Nach einer Fütterungszeit von 6 Wochen verlassen die Jungen den Brutplatz. Jährlich werden ein bis zwei Bruten aufgezogen. Gelegeanzahl, Gelegegröße und Mortalitätsfaktor, also die Sterblichkeitsrate der Nestlinge, sind weitgehend vom Nahrungsangebot (besonders an Mäusen) abhängig. Die Schleiereule gehört zu den bestandsbedrohten einheimischen Vogelarten.

Ebenfalls auf der »Roten Liste«: Schleiereule

Der Turmfalkenkasten

Der Turmfalke zählt zu den häufigsten einheimischen Greifvogelarten und gilt nicht als bestandsbedroht. Als Nistplätze wählt er verlassene Krähen- und Elsternnester ebenso wie Nischen in Felswänden, Burgen, Kirchtürmen oder Brückenkonstruktionen. Auch entsprechende Nistkästen werden angenommen, wenn es an anderen geeigneten Brutmöglichkeiten fehlt. Den Nistkasten für diese Greifvogelart zeigt die nebenstehende Abbildung. Zur Anbringung an eine Gebäudewand werden zwei Aufhängeleisten benötigt. Das Dach kann mit Dachpappe oder verzinktem Blech überzogen werden. Empfehlenswert ist eine Imprägnierung der Außenseiten mit einem möglichst ungiftigen Holzschutzmittel. Nach dem Aufhängen kann man eine 2–4 cm dicke Schicht aus Torf oder Sägemehl einstreuen.

Als Teilzieher (Westeuropa und Teile Mitteleuropas gelten als Winterquartier) ist der **Turmfalke** recht früh im Brutgebiet. Die Eiablage erfolgt in den Monaten April und Mai. Meist werden 4 bis 5 Eier gelegt (Eifarbe weißgelblich mit rötlichbraunen Flecken). Die Bebrütung erfolgt durch das Weibchen. Nach 3 bis 4 Wochen schlüpfen die Jungen, nach knapp 5 Wochen verlassen sie das Nest. Eine Jahresbrut. Lebensraum des Turmfalken ist die Kulturlandschaft, in der er als anpassungsfähige Vogelart nach einer geeigneten Nistmöglichkeit sucht. Selbst im Bereich von Großstädten ist er zu Hause – Frankfurt am Main hat z. B. eine Turmfalkenpopulation, die zwischen 30 und 50 Paaren schwankt. Auch den **Wanderfalken** kann man durch besondere Nistgeräte an geeigneten Stel-

Maße für den Turmfalkenkasten	
Brettstärke	2,5 cm
Vorderwand	45 x 15 cm
Rückwand	45 x 37,5 cm
Seitenwände	25 x 35 cm
Boden*	45 x 25 cm
Dach	45 x 27,5 cm
Aufhängeleisten	5 x 2,5 x 100 cm

* mit 2–4 Ablauflöchern, ∅ je 0,5 cm

Turmfalkenkasten

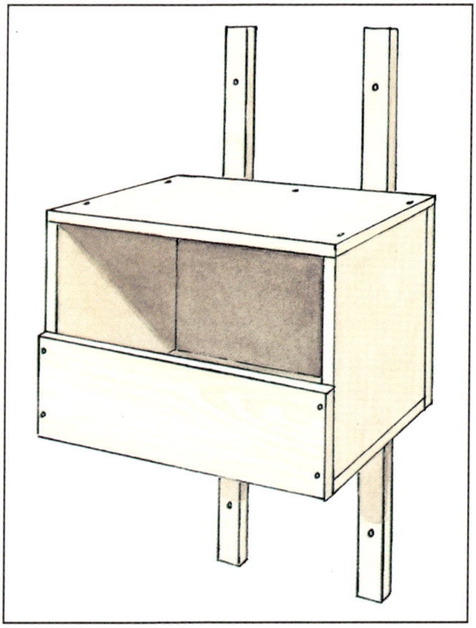

Turmfalke

Vom Aussterben bedroht: Wanderfalke

len (z. B. an Felswänden, Kirchen, Türmen oder hohen Brücken) unterstützen. Dazu bedarf es jedoch einer Menge Erfahrung, so daß diese diffizile und sehr teure Angelegenheit (Kosten einschließlich der Anbringung nicht unter mehreren Tausend DM!) den Spezialisten überlassen werden muß.

Der Mauerseglerkasten

Der überwiegend in unseren Städten lebende Mauersegler ist ein Zugvogel, der um die Monatswende April/Mai in seinem Brutrevier eintrifft und nach dem Ende der Brutzeit im August/September wieder nach Süden abzieht. Als Brutplätze wählt er Mauerlöcher, Dachböden mit Einflug von außen und ähnliche Gelegenheiten. Durch die Modernisierung und Sanierung der alten Stadtkerne verliert diese Vogelart viele Brutmöglichkeiten, so daß ihr durch das Anbringen von Nistkästen der nebenstehend gezeigten Bauart sehr geholfen werden kann. Mit Hilfe der zwei

Maße für den Mauerseglerkasten	
Brettstärke	2 cm
Fluglochweite	oval: 6,5 x 3,2 cm
Fluglochwand*	18 x 14 cm
Rückwand	22 x 14 cm
Seitenwände	33 x 14 cm
Boden**	18 x 31 cm
Dach	22 x 35 cm
Aufhängeleisten	4 x 2 x 30 cm

* Flugloch in der Mitte des Brettes

** mit 2–3 Ablauflöchern, Ø je 0,5 cm

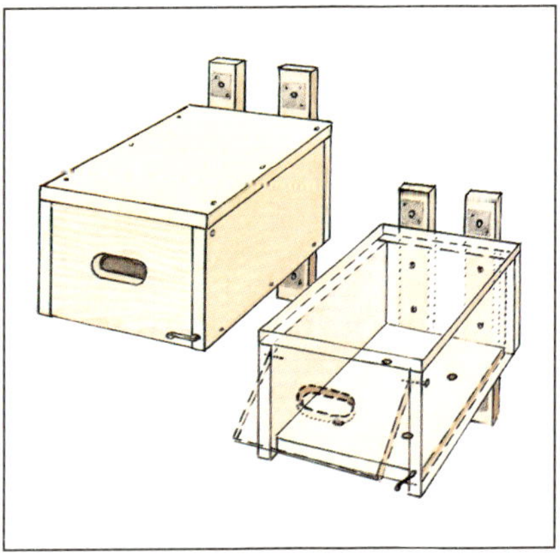

Mauerseglerkasten

Einfluglöcher unterm Dach

Befestigungsleisten wird der Kasten an einer Wand möglichst direkt unter dem Dach angebracht. Auch niedriger hängende Geräte werden angenommen. Eine andere Möglichkeit sind fertige Mauerseglerniststeine (s. S. 59), die man bei Neubauten gleich unter dem Dach einbaut. Darüber hinaus kann man aber auch im Mauerwerk unter dem Dach Hohlräume aussparen, die etwa 16 cm hoch und 27 cm tief sein müssen.
Nach seiner Ankunft im Brutrevier sammelt der **Mauersegler** sein Nistmaterial in der Luft. Dabei handelt es sich um kleine Federn, Blätter, Wollfäden u. ä. Mit Speichel vermischt findet dies alles beim Nestbau Verwendung. Ab Mitte Mai beginnt die Eiablage (2 bis 3 weiße Eier). Beide Altvögel brüten. Nach knapp 3 Wochen schlüpfen die Jungen, die je nach Witterungsverlauf nach 36 bis 55 Tagen das Nest verlassen. Ihr Nahrungsrevier ist der Luftraum, wo sie im Flug ihre Beuteinsekten fangen. Eine Jahresbrut.

Mauersegler

Der Baumläuferkasten

Bei uns in Mitteleuropa leben zwei Baumläuferarten, der Garten- und der Waldbaumläufer. Beide legen ihre Nistplätze gerne hinter abstehender bzw. lockerer Rinde oder in Baumspalten an. Aber auch größere Mauerrisse oder -spalten sowie spezielle Nistkästen werden zum Nisten aufgesucht. Um den Baumläuferarten zu Nistgelegenheiten zu verhelfen, genügt es, wenn man z. B. einige größere Rindenstücke mit einem Bindfaden oben und unten am Stamm festbindet. Dabei muß seitlich ein offener Ritz als Einschlupfloch gelassen werden. Selbstverständlich kann man auch einen entsprechend konstruierten Nistkasten aufhängen. Notfalls benutzen beide Arten sogar Meisen- oder Starennistkästen. Ein Meisennistgerät läßt sich auf relativ einfache Weise zu einem Baumläufernistkasten umfunktionieren:

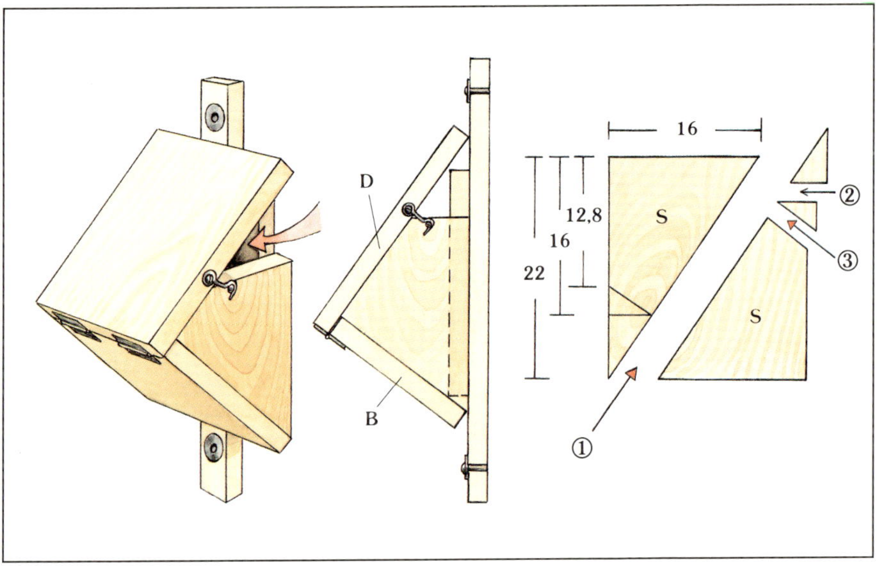

Baumläuferkasten. Die Abbildung rechts zeigt den Zuschnitt der Seitenwände aus einem 16 x 22 cm großen Brett (1–3 = Reihenfolge der Sägeschnitte)

Man schließt das Flugloch in der Vorderfront und sägt im oberen Drittel des Kastens an der Naht zwischen Rückwand und Seitenwand einen 4 cm breiten und 3 cm hohen Einschlupf aus, so daß der Vogel vom Baumstamm direkt in den Kasten schlüpfen kann.
Gut bewährt hat sich auch ein Dreieckskasten, dessen Bau oben gezeigt wird. Das Dach muß aufklappbar sein. Der Kasten wird mit einer Hartholzleiste am Baumstamm oder an der Gebäudewand befestigt.

Maße für den Baumläuferkasten	
Brettstärke	2 cm
Einschlupfloch*	ca. 4 cm Kantenlänge
Boden *(B)*	16 x 16 cm
Rückwand	12 x 22 cm
Dach *(D)*	16 x 25 cm
Seitenwände** *(S)*	16 x 12,8 x ca. 5 x ca. 20 cm
Aufhängeleiste	4 x 2 x 45 cm

* wird aus Seitenwänden ausgespart
** unregelmäßiges Viereck, vgl. Bauanleitung

Garten- und Waldbaumläufer sind Stand- und Strichvögel. Sie lassen sich nur schwer voneinander unterscheiden. Der Gartenbaumläufer lebt im wesentlichen in

Gartenbaumläufer

tieferliegenden Regionen, während der Waldbaumläufer in Gebirgslagen bis an die Waldgrenze seine Brutplätze auswählt. Das Nest aus Materialien wie feinem Reisig, Bastfasern, Halmen und Blättern wird mit Halmen und Fasern ausgepolstert. Das Gelege (ab April) besteht aus 5 bis 7 Eiern (weiß, rotbraun gesprenkelt). Nur das Weibchen brütet. Nach etwa 15 Tagen schlüpfen die Jungen, die nach weiteren 16 bis 17 Tagen flügge sind. Meist wird nur eine Jahresbrut getätigt (mitunter auch zwei). Die Lebensräume der Baumläuferarten sind große Waldungen; aber auch im Garten sowie in Park- und Friedhofsanlagen sind sie – und hier besonders der Gartenbaumläufer, wie sein Name schon besagt – anzutreffen.

Der Wasseramselkasten

Die Wasseramsel zählt zu den brutbestandsbedrohten Vogelarten. Fluß- und Bachbegradigungen sowie die Wasserverschmutzung sind die Ursachen der Gefährdung. Baumwurzeln, Fels- und Mauerlöcher in unmittelbarer Nachbarschaft von Gewässern dienen ihnen als Brutplätze, ebenso Brückenpfeiler und deren Holz- oder Eisenkonstruktionen. Vielerorts fehlen jedoch auf Grund wasserwirtschaftlicher Eingriffe solche Brutmöglichkeiten. Es hat sich herausgestellt, daß man die Wasseramsel mit besonders konstruierten Nistkästen unterstützen kann, die man an geeigneten Stellen anbringt. Je nach Ort der Aufhängung sind Dreiecks- bzw.

Maße für den Wasseramselkasten/ Dreieckshöhle	
Brettstärke	2 cm
Rückwand	30 x 37 cm
Seitenwände*	26 x 37 x 45 cm
Boden	26 x 26 cm
Bodenleiste *(BL)*	5 x 2 x 26 cm
Dach	30 x 48 cm
Aufhängeleisten	4 x 2 x 40 cm

* dreieckig, 26 x 37 cm großes Brett in der Diagonale durchsägen

Viereckshöhle für Wasseramseln. Eine zusätzliche Verkleidung des Daches erhöht die Lebensdauer

Maße für den Wasseramselkasten/ Viereckshöhle	
Brettstärke	2 cm
Vorderwand	18 x 4 cm
Rückwand	18 x 18 cm
Seitenwände	20 x 20 cm
Boden	18 x 18 cm
Dach*	20 x 22 cm
Aufhängeleiste *(A)*	4 x 2 x 30 cm

* mit Dachpappe oder verzinktem Blech verkleiden

Giebelkästen oder Viereckskästen (Halbhöhle) zweckmäßig. Bauprinzip und Maße beider Nistgeräte sind auf diesen Seiten zu sehen. Unter Bachbrücken sollten die Kästen über der Hochwasserlinie angebracht werden. Im Gegensatz zur Halbhöhle ist der Giebelkasten weitestgehend vor Nestplünderungen geschützt. Im Viereckskasten, der Halbhöhle für Nischenbrüter recht ähnlich, brüten auch Bachstelze, Gebirgsstelze und Zaunkönig.

Dreieckshöhle für Wasseramseln. Das Dach sollte aufklappbar sein

Bestandsbedroht: Wasseramsel

Als Stand- und Strichvogel ist die **Wasseramsel** bereits im Spätwinter (Februar bis Anfang März) im Brutrevier. Sie baut ein kugelförmiges Moosnest, das mit Laub ausgepolstert ist. Es werden 4 bis 6 weiße Eier gelegt. Nachdem diese vom Weibchen 15 bis 18 Tage bebrütet wurden, schlüpfen die Jungen, die 20 bis 25 Tage von beiden Altvögeln gefüttert werden. Meist werden zwei Jahresbruten getätigt. Den Lebensraum bilden schnellfließende Bäche und Flüsse, wo die Nahrung beim Schwimmen und Tauchen im Wasser erbeutet wird.

Gebirgsstelze beim Füttern

Die **Gebirgsstelze** ist ein Teilzieher, der im März in sein Brutrevier kommt. Das vom Weibchen gebaute, sehr feste Nest besteht aus Gras, Blättern, Moos und Zweigen. Brutplätze finden sich an Uferböschungen, in Baumwurzeln am Ufer, unter Brükken und an ähnlichen Stellen. Ab Ende März werden die Eier gelegt (4 bis 6, Farbe bräunlich mit rotbräunlicher Marmorierung). Nur das Weibchen brütet (Brutdauer ca. 2 Wochen). Die Nestlingszeit beträgt 12 bis 14 Tage. Die Gebirgsstelze lebt wie die Wasseramsel an schnellfließenden Flüssen und Bächen sowie auf angrenzenden Wiesenflächen.

Anmerkungen zur Brutbiologie von Bachstelze und Zaunkönig finden Sie auf den Seiten 54 und 55.

Die Halbhöhle

Brutplätze der Halbhöhlen- bzw. Nischenbrüter sind vor allem Felsspalten, Mauerlöcher und Dachvorsprünge. Aber auch unter losen Dachziegeln, in Rolladenkästen, auf Balken und auf Brüstungen wird gebrütet. Nisthilfen in Form künstlicher Halbhöhlen werden gerne angenommen. Zu den Benutzern dieser Nistgeräte sind vor allem Hausrotschwanz, Grauschnäpper und Bachstelze zu zählen. Aber auch Zaunkönig, Rotkehlchen und Gartenrotschwanz finden sich hier zum Brüten ein. Beim Bau eines solchen Nistgerätes sind die nachfolgend aufgeführten Maße nicht

Maße für die Halbhöhle	
Brettstärke	2 cm
Vorderwand	16 x 8,5 cm
Rückwand	16 x 17 cm
Seitenwände	15 x 12,5 x 15 cm
Boden	16 x 15 cm
Dach	20 x 22 cm
Aufhängeleiste	4 x 2 x 45 cm

Halbhöhle für Nischenbrüter

Hausrotschwanz

Grauschnäpper

zu unterschreiten. Die Halbhöhle kann z. B. unter einem Dachvorsprung, an einer Gartenhütte, an einem Schuppen oder dergleichen angebracht werden.

Der **Hausrotschwanz** ist ein Zugvogel und überwintert im Mittelmeerraum. Im März trifft er im Brutgebiet ein. Das Nest baut das Weibchen aus Moos, Gras und kleinen Wurzeln. Zum Auspolstern dienen Federn und Haare. Im April werden die Eier für die erste Brut gelegt (4 bis 7 je Gelege, Farbe: weiß mit bläulichem Schimmer). Nur das Weibchen brütet. Nach etwa 2 Wochen schlüpfen die Jungen, nach weiteren 13 bis 14 Tagen sind sie flügge. Meist tätigt der Hausrotschwanz zwei Bruten im Jahr. Ursprünglich war diese Vogelart ein Felsbrüter, sie hat sich aber als Kulturfolger auf Gebäude »umgestellt«. Dementsprechend lebt der Hausrotschwanz heute bevorzugt in Siedlungsgebieten, worauf auch sein Name einen deutlichen Hinweis gibt.

Ebenfalls ein Zugvogel, kehrt der **Grauschnäpper** im April aus dem afrikanischen Winterquartier zurück. Nach Nistplatzwahl und Nestbau (Material Moos, Haare, Wolle, Federn) werden im Mai die Eier gelegt (3 bis 6 Stück, Grundfarbe: leicht grünlichblau mit bräunlichen Flekken). Nach 13 bis 16 Tagen schlüpfen die Jungen. Etwa die gleiche Zeitspanne umfaßt die Aufzucht im Nest. Meist eine Jahresbrut. Lebensräume sind Park- und Friedhofsanlagen, Gärten, Siedlungsgebiete und Waldränder.

Die **Bachstelze** lebt in Mitteleuropa überwiegend als Zugvogel und wird gegen Ende des Winters oft schon im Brutgebiet angetroffen. Ihr Nest baut sie als typischer Nischenbrüter in Mauerlöchern, an Uferböschungen, in kahlen Kopfweiden, an Gebäuden usw. Zum Nestbau benutzt sie Moos, Gras, Zweige und Blätter, ausgepolstert wird mit Federn und Haaren. Die Eiablage erfolgt ab April, das Gelege

Bachstelze

Zaunkönig

besteht meist aus 5 bis 6 Eiern mit weißlicher Grundfarbe und dunkelgrauen Flekken. Nach rund 2 Wochen schlüpfen die Jungen. Den gleichen Zeitraum benötigen sie, bis sie flügge das Nest verlassen. Überwiegend zwei Jahresbruten. Bevorzugter Lebensraum ist die offene Landschaft, wo die Bachstelze sich oft in Gewässernähe aufhält; jedoch auch in Gärten, in Ortschaften und bei Einzelgehöften finden wir diese Vogelart.

Der als Teilzieher anzusehende **Zaunkönig** baut sein Nest gerne in Büsche, in Unterwuchs, in natürliche Höhlungen und Nischen, aber auch in aufgehängte Halbhöhlen. Für den Bau des kugelartigen Nestes mit seitlichem Ausgang wird meist knapp eine Woche benötigt; dies geschieht bereits im März. Als Nistmaterial kommen Farn, Gras, Moos und Zweige zum Einsatz, ausgepolstert wird das Nest unter anderem mit Wolle und kleinen Federn. Neben dem tatsächlich zum Brüten benutzten Nest baut der Zaunkönig aber auch sogenannte Spielnester bzw. Wahlnester. Ab April werden 5 bis 7 weiße Eier mit dunklen Flecken gelegt, die nur das Weibchen bebrütet. Nach etwas mehr als 2 Wochen schlüpfen die Jungen, nach weiteren 2 bis 2½ Wochen sind sie flügge. Im allgemeinen zwei Bruten pro Jahr. Lebensräume findet der Zaunkönig in Hecken, Gebüschgruppen, Feldgehölzen, im Unterwuchs im Wald, in Parkanlagen und Gärten. Der Brutplatz wird gerne in Wassernähe angelegt.

Auch das **Rotkehlchen** ist ein Teilzieher. Es baut sein Nest oft auf dem Boden in einer Vertiefung, an Böschungen, in Dickichten, unter Gestrüpp, zwischen Brombeerranken – oder auch in weggeworfenen leeren Konservendosen. Daneben werden aber auch Mauerlöcher und Halbhöhlen als Niststätte angenommen. Nisttaschen (s. S. 71) dienen ebenfalls als Brutplatz. Das Nest wird vom Weibchen

Rotkehlchen

gebaut. Es besteht vor allem aus dürrem Laub, Halmen und Moos. Die Nestmulde wird mit Haaren, feinen Würzelchen und Federn ausgepolstert. Die Eiablage erfolgt bis Anfang Mai. Das Gelege besteht aus 4 bis 7 Eiern, die auf weißlichem Grund rötliche bis dunkle Flecken aufweisen. Nach zweiwöchiger Bebrütung durch das Weibchen schlüpfen die Jungen, nach knapp 2 Wochen sind sie dann flügge. In der Regel zwei Jahresbruten. Wälder (besonders feuchte Auwaldungen), Parkanlagen, Friedhöfe, Feldgehölze, Gärten und Gebüschgruppen zählen zu den sehr vielseitigen Lebensräumen.

Nisthilfen für Schwalben

Rauch- und Mehlschwalbe brüten im wesentlichen im Bereich von Siedlungen. Während die Rauchschwalbe vor allem im Innern von Gebäuden ihr offenes Nest baut (z. B. Stallungen, Flure), finden sich die geschlossenen Nester der Mehlschwalbe an den Wänden von Gebäuden, meist dicht unter dem Dach, aber auch an Felsen und Brücken. Die dritte einheimische Schwalbe ist die Uferschwalbe. Sie baut ihre röhrenförmigen Nester in Lehm- und Kiesgrubenwände (oft in größeren Kolonien). Den Rauch- und Mehlschwalben kann man Nisthilfen anbieten, die den Nestbau erheblich erleichtern.

Nistunterlagen für die Rauchschwalbe lassen sich einfach herstellen, wie nebenstehende Abbildung zeigt. Mit Hilfe eines unter dem Boden angebrachten dreieckigen Stützbrettchens wird diese Nisthilfe an der Wand befestigt.

Für die Mehlschwalbe werden als Nisthilfen Kunstnester (als Doppelnester) angeboten, die von dem Schweizer Arzt K. von Gunten entwickelt und erstmals erprobt wurden. Sie haben sich zwischenzeitlich in jahrelanger Praxis sehr gut bewährt. Darüber hinaus kann man auch Nistunterlagen nach nebenstehender Abbildung selbst bauen. Um zu verhindern, daß Kot auf Fenstersimse oder Hauseingänge fällt, kann man Kotbretter als 20 cm breite Konsolen unter den Nestern anbringen. Da Mehlschwalben gesellig brüten, sollten wenigstens zwei bis drei Nistunterlagen bzw. künstliche Doppelnester an einer Hauswand angebracht werden, so daß hier vier bis sechs Nester gebaut werden

Maße der Nistunterlage für Rauchschwalben	
Brettstärke	2 cm
Boden	15 x 15 cm
Vorderleiste*	17 x 4 x 1 cm
Seitenleisten	15 x 4 x 1 cm
Stützbrett)	15** x 15 x 21,2 cm

* Leisten 1 cm stark

** hintere Kantenlänge; 15 x 15 cm großes Brett mit 2 cm Stärke in der Diagonale durchsägen

können. Oft fällt es der Mehlschwalbe schwer, an glatten Wänden ihre Klümpchen aus Erde und Speichel zum Nestbau anzuheften. Hier hilft das Annageln von Maschendraht (mit 1 cm Maschenweite). Er muß jedoch so angebracht werden, daß sich die Schwalben darin nicht verfangen können. Deshalb ist ein sehr sorgfältiges Arbeiten nötig!

Nestkolonien von **Uferschwalben** sind meist nur wenige Jahre benutzbar, da sie durch die natürliche Erosion der Kieswände unbrauchbar werden. Uferschwalben müssen sich deshalb immer wieder geeignete Stellen suchen. Eventuelle Schutzmaßnahmen bedürfen großer Sachkenntnis und sind daher Experten zu überlassen!

Die **Rauchschwalbe** zählt zu den Zugvögeln und erreicht Ende März/Anfang April ihr Brutgebiet. Das Nest besteht aus Lehmkügelchen, die mit Halmen vermischt zu einer Schale zusammengefügt werden. Zum Auspolstern dienen Federn. Es werden aber auch – nach »Reparaturarbeiten« – vorhandene Nester aus den

Nisthilfe für Rauchschwalben

Maße der Nistunterlage für Mehlschwalben	
Brettstärke	2 cm
Rückwand	30 x 15 cm
Boden	30 x 20 cm
Dach	30 x 20 cm
Trennwand	15 x 16 cm

Nisthilfe für Mehlschwalben

Die Rauchschwalbe baut ihr Nest am liebsten im Innern von Gebäuden

Nestkolonie von Uferschwalben; auch diese Art ist bestandsbedroht ▼

Vorjahren wieder bezogen. Gelegebeginn ist Mitte Mai. Im Schnitt werden 4 bis 5 Eier gelegt, mit weißer Grundfarbe und violettrötlichen Flecken. Meist brütet nur das Weibchen. Nach 14 bis 16 Tagen schlüpfen die Jungen, rund 3 Wochen später fliegen sie aus. Überwiegend zwei Jahresbruten. Lebensräume der Rauchschwalben sind Siedlungen und das umgebende offene Kulturland. Bei dieser bisher so verbreiteten Art wurde in den letzten Jahren verschiedentlich ein Bestandsrückgang beobachtet.

Ein Zugvogel ist auch die **Mehlschwalbe**. Im April trifft sie im Brutgebiet ein. Sie beginnt nach Nestneubau bzw. Renovierung des Vorjahresnestes um die Monatswende Mai/Juni mit der Eiablage. Meist werden 3 bis 5 weiße Eier gelegt. Die Brutzeit dauert etwa 15 Tage. Bis zum Ausfliegen benötigen die Jungen, je nach Witterungsverlauf, bis zu einem Monat. Zwei Jahresbruten. Wie bei der Rauchschwalbe stellen Siedlungen und die offene Landschaft in deren Umgebung den Lebensraum der Mehlschwalben dar.

Mehlschwalben, von neugierigem Haussperling beobachtet

Niststeine

Die in Meisen-, Staren- und Halbhöhlen brütenden Vogelarten nehmen auch in Hauswände eingelassene Niststeine an, soweit diese im Revier der betreffenden Art angebracht sind. Das Öffnen zur Kontrolle und Reinigung kann durch Herausnahme eines Teils der Vorderwand (»Nistlochplatte«) erfolgen. Bei mehrstökkigen Gebäuden kann man Niststeine in übereinanderliegenden Reihen einbauen, am besten links oder rechts von den Fenstern, so daß die Reinigung von dort aus erfolgen kann. Im unteren Bereich eines Gebäudes angebrachte Niststeine werden besonders gerne von Meisen, Trauerschnäpper, Kleiber, Feldsperling, Rotkehlchen und Gartenrotschwanz angenommen.
Bei der Suche nach Herstellern geeigneter Niststeine können die im Anhang genannten Verbände weiterhelfen.

Niststeine werden von Höhlenbrütern gerne angenommen

Nistmöglichkeiten für den Eisvogel

Der Eisvogel gehört zu den stark bestandsbedrohten Brutvogelarten. Sein Lebensraum, den die kleinen Fließgewässer bilden, ist durch menschliche Eingriffe vieler Art, wie sie bereits bei der Wasseramsel erwähnt wurden, gefährdet. Er baut seine Bruthöhle in senkrechte Abbrüche von Uferpartien. Insbesondere die Kanalisierung der Gewässer und die damit verbundene Versteinung der Uferzonen verursachen den Mangel an Nistplätzen. Daher ist die Schaffung von Uferabbrüchen eine dringend notwendige Hilfsmaßnahme. Neuerdings werden auch künstlich aufgeschüttete Eisvogelbrutwände angelegt. Die bisherigen Erfahrungen damit sind jedoch sehr unterschiedlich. In jedem Fall ist Spezialwissen und viel Erfahrung notwendig, um für diesen Vogel artgerechte künstliche Nistmöglichkeiten bereitzustellen.

Hier ist der einzelne sicher überfordert. Eine solche Arbeit muß man den auf diesem Gebiet tätigen Natur- und Vogelschutzorganisationen überlassen, deren Arbeit durch aktive Mithilfe unterstützt werden sollte. Auch Spenden können hilfreich sein.

Oft zitiertes Paradebeispiel für stark bedrohte Arten: der Eisvogel

Nicht gefiederte Nisthöhlenbewohner

Aufgehängte Nistkästen werden nicht nur von höhlenbrütenden Vogelarten genutzt, sondern dienen auch einer Reihe weiterer Tiere als Aufenthaltsmöglichkeit. Hierher gehören unter anderem Fledermäuse, Bilche, Mäuse, Hornissen, Wespen und Hummeln. Obwohl diese Tiere in Vogelniststätten zuweilen unerwünscht sind, sollte berücksichtigt werden, daß auch unter ihnen einige zu den bedrohten Arten zählen und unsere Hilfe brauchen.

Fledermäuse

Die 17 mitteleuropäischen Fledermausarten sind alle in der Roten Liste der bestandsgefährdeten Säugetiere aufgeführt. Vier Arten sind bereits vom Aussterben bedroht. Zu den wesentlichen Ursachen zählen der Mangel an Aufenthaltsplätzen für den Winterschlaf (z. B. Stollen ehemaliger Erzgruben) und das Fehlen geeigneter Unterschlupfmöglichkeiten im Sommer. Nur selten finden Fledermäuse noch alte, innen hohle Bäume mit entsprechenden Einschlupflöchern, geeignete Dachböden in Gebäuden (z. B. Kirchen, Burgen) und ähnliches. Leider wird bei einer Sanierung größerer Bauten auf die Belange dieser Tierarten meist keine Rücksicht genommen. So bleiben den Fledermäusen als Sommeraufenthaltsplätze nur Nistkästen. Diesen bestandsgefährdeten Säugetierarten sollte überall, wo sie in Nistgeräten (oder an anderen Stellen) auftreten, der höchstmögliche Schutz gewährt werden. Fledermäuse hängen unter dem Dach oder an der Rückwand der Nisthöhle. Der Boden des Kastens ist meist mit einer dicken Schicht Kot bedeckt. Häufig trifft man mehrere Tiere an (gelegentlich mehr als zehn). Dabei handelt es sich um Weibchen, die dort ihre Jungen zur Welt bringen und sie in sozialer Gemeinschaft aufziehen. Fledermäuse sind gegen Störungen außerordentlich empfindlich.

Unterschlupfmöglichkeiten für Fledermäuse sind rar geworden

Im Handel werden spezielle Geräte mit Einfluglöchern am unteren Ende der Vorderwand angeboten, die den Fledermäusen als Aufenthaltsplatz dienen sollen. Die bisherigen Erfahrungen mit Nisthilfen dieser Art sind sehr unterschiedlich.

Bilche

Bilche sind Säugetiere und gehören zu den Nagetieren. Sie benutzen Nisthöhlen als Quartier oder statten ihnen Besuche ab. Bei letzteren plündern sie vorhandene Nester. Sie fressen sowohl das Gelege als auch kleine Jungvögel. Wesentliches Merkmal dieser Säuger ist der stark behaarte, buschig wirkende, lange Schwanz. Alle Bilche sind dämmerungs- und nachtaktiv. Tagsüber kann man sie kaum beobachten; in dieser Zeit schlafen sie in ihren Schlupfwinkeln, zu denen neben Baumhöhlen auch aufgehängte Nistgeräte zu rechnen sind. Ihre kugelförmigen Nester haben meist einen seitlichen Eingang. In Mitteleuropa kommen vier Bilcharten vor: Gartenschläfer, Siebenschläfer, Haselmaus und – auf den Alpenraum beschränkt – der Baumschläfer. Der größte Bilch ist der *Siebenschläfer*, der vorwiegend auf Streuobstflächen, in Parkanlagen und lichten Wäldern lebt. Sein vor allem aus Moos gebautes Nest legt er überwiegend in Mauer- und Baumspalten an, aber auch Nistkästen werden dazu benutzt (s. Foto S. 61).

Annähernd ebenso groß ist der *Gartenschläfer*, ein ausgezeichneter Kletterer. Das Kugelnest dieses Bilches besteht aus Moos, Haaren und Federn und wird in Baumhöhlen und Eichhornkobeln gebaut. Im Gegensatz zu den beiden großen Bilcharten handelt es sich bei der *Haselmaus* um eine bestandsbedrohte Art. Sie benutzt in ihren Lebensräumen (buschreiche Landschaften mit beerentragendem Unterholz, Streuobstanlagen, Parks sowie Fichten- und Buchenjungkulturen) Nistkästen gerne als Quartier für den Winterschlaf. Wer Bilche von Nistkästen fernhalten will, sollte vorbeugende Maßnahmen treffen, wie sie im Kapitel »Schutzmaßnahmen für Niststättenbewohner« beschrieben sind.

Haselmaus am Nistkasten

Mäuse

Auch unsere Mäuse suchen Nistkästen zum Übernachten auf. Meist liegen locker aufgeschichtete dürre Laubblätter in der Kunsthöhle. Beim Entfernen des Laubes hüpft dann die Maus aus dem offenen Kasten, der nicht nur als Nachtquartier dient. Es werden darin vielmehr regelrechte Vorratskammern angelegt, vorzugsweise sind es Nüsse und andere Früchte, die dort gelagert werden.

Wespen, Hornissen und Hummeln

Unerwünschte Nistkastenbewohner sind für viele vor allem Wespen, Hornissen und Hummeln. Diese mit einem Stachel bewehrten Hautflügler leben während der Fortpflanzungsperiode in sozialen Gemeinschaften, den »Staaten«.

Wespen und *Hornissen* verfertigen aus feinen, abgeschabten Rindenstückchen einen papierartigen Brei, aus dem das Nest mit den Waben gebaut wird. Hohle Bäume, Erdlöcher, Dachböden, aber auch Nistkästen sind bevorzugte Plätze zur Anlage solcher Papiernester. Wer seine Nisthöhlen in der Brutzeit kontrollieren will, muß mit bereits im Bau befindlichen Wespen- und Hornissennestern rechnen. Sie hängen zu dieser Zeit noch an einem relativ kleinen Stiel innen unter dem Dach. Im Laufe des Jahres bildet sich hier ein großer Staat. Im Spätherbst sterben alle Nestinsassen bis auf die jungen Weibchen (»Königinnen«). Diese überwintern und bauen im nächsten Jahr einen neuen Wespen- bzw. Hornissenstaat auf.

Hummeln benutzen in Nistkästen vorhandene Moosnester als Nistplätze. Ihre Staaten sind meist relativ klein. Nester von Hummeln sollten unter allen Umständen an ihrem Ort bleiben; nach der Bundesartenschutzverordnung fallen alle Hummelarten in die Kategorie der besonders geschützten Tiere. Bei diesen Hautflüglern überwintern ebenfalls nur die jungen Weibchen.

Wie neuere Forschungsergebnisse zeigen, sollte man auch Wespennester möglichst nicht entfernen und die Tiere in Ruhe lassen. Ist jedoch mit Belästigungen zu rechnen, wird die Frage einer Nestentfernung zu prüfen sein. Die Hornisse – größte einheimische Hautflüglerart – ist bestandsbedroht; ein von ihr besetztes Nest darf nur mit Genehmigung der zuständigen Naturschutzbehörde entfernt werden.

Nisthilfen für freibrütende Vogelarten

Auch Freibrüter brauchen Unterstützung

Mit dem Aufhängen von Nisthöhlen für Meisen, Kleiber und Gartenrotschwanz, um nur einige zu nennen, enden meist die Hilfsmaßnahmen für unsere Vogelwelt. Es wird dabei übersehen, daß auch für eine Reihe weiterer Vogelarten, die Freibrüter, ohne allzu große Mühe geeignete Nistmöglichkeiten geschaffen werden können. Wer freut sich nicht über den Gesang von Buchfink, Singdrossel oder Mönchsgrasmücke? Diese Vögel und viele andere brüten sowohl in Hecken, Gebüsch und Dickicht als auch im Laub oder Gras am Boden. Schon das Vorhandensein einer richtig angelegten Hecke als Gartenabgrenzung oder in der Feldflur, dort meist als Wind- oder Erosionsschutz gedacht, bietet freibrütenden Vogelarten – und nicht nur diesen – gute Nistmöglichkeiten.
Leider stoßen auch heute noch Hecken und Gebüsch in der Feldflur auf erhebliche Ablehnung. In monotonen Nadelholzbeständen (besonders in Fichtenwäldern) fehlt es an Unterholz und an einem intakten Bodenbewuchs. Die Flurbereinigung hat sich in den letzten Jahrzehnten ebenso negativ ausgewirkt wie Maßnahmen zur Bachregulierung (z. B. Entfernung von Uferbewuchs) und die forstliche Nadelholzproduktion. Auch die Betonierung und Asphaltierung von Feldwegen sowie das Verschwinden von Altgrasstreifen in der offenen Landschaft erwiesen sich als sehr nachteilig für die Tierwelt. In Neubaugebieten werden häufig anstelle artenreicher Laubholzhecken einförmige »Nadelholzbestände« angepflanzt, wobei besonders die verbreitete Thujahecke als Negativbeispiel genannt sei.
Deshalb sollten auch die freibrütenden Vogelarten durch entsprechende Maßnahmen unterstützt werden, wofür sich verschiedene Möglichkeiten anbieten, wie in den nachfolgenden Abschnitten gezeigt wird. Wer Freibrüter durch geeignete Nisthilfen unterstützen will, sollte jedoch eines unbedingt beachten: Auf eine *Kontrolle* der Nester freibrütender Vogelarten während der Brutzeit ist in jedem Fall zu *verzichten.* Brütende Altvögel verlassen bei Störungen recht schnell das Gelege und geben es auf. Auch bereits halbflügge Junge hüpfen bei vermeintlicher Gefahr aus dem Nest und gehen dann meist zugrunde. Hier kann also erheblicher Schaden angerichtet werden. Eine Entfernung benutzter Nester aus Hecke oder Gebüsch ist nicht erforderlich, denn weitgehend erledigen Wind und Regen diese Arbeit.

Freibrüter wie der Buchfink finden immer schwerer geeignete Nistplätze

Hecken- und Gebüschgruppen

Hinweise zur Anlage

Die Hecke war bis zur Einführung von Flurbereinigungsverfahren ein charakteristischer und recht häufig vorkommender Bestandteil der Landschaft. Auch die Waldränder waren von dichten Gebüschen gesäumt. Steile Hänge wiesen ebenso einen reichen Bewuchs mit Gebüsch oder Hecken auf wie die Böschungen der Hohlwege, also der durch jahrhundertelange Benutzung und Erosion tiefeingeschnittenen Feldwege. In neuerer Zeit bemüht man sich darum, Hecken und Gebüsche wieder als wichtige Elemente in die Kulturlandschaft einzufügen. Dieses Bemühen gilt auch dem Aufbau eines funktionsfähigen Waldmantels, der ebenfalls eine Vielzahl von Aufgaben erfüllt.
Die Anlage einer »funktionstüchtigen« Hecke, z. B. als Abgrenzung des Hausgrundstücks oder Gartens, kann ohne große Mühe durchgeführt werden. Als Pflanzmaterial sind ausschließlich einheimische Arten zu verwenden, also standortgerechte Gehölze, die in der jeweiligen Umgebung vorkommen. Weiterhin muß vermieden werden, eine Hecken- oder Gebüschgruppe nur aus einer einzigen Pflanzenart aufzubauen. Bei der Wahl der in Frage kommenden Sträucher und Bäume sollte weiterhin darauf geachtet werden, daß beerentragende dabei sind (Vogelnahrung für Herbst und Winter). In der nachfolgenden Tabelle ist eine Auswahl der Pflanzenarten zusammengestellt, die sich zur Anpflanzung in Hecken- und Gebüschgruppen sowohl im Siedlungsbereich wie in der freien Landschaft eignen. Die dort aufgeführten Gehölze können bei entsprechendem Schnitt auch als Bestandteile von Hecken verwendet werden.
Eine Hecke sollte eine Mindestbreite von 1 m haben (besser 1,5 m), so daß die Pflanzen in zwei Reihen bzw. Zeilen (bei 1,5 m dreizeilig) gesetzt werden können. Gepflanzt wird im Verbund, so daß sich ein Pflanzenabstand von 0,5 m ergibt. Bei Verwendung von jungem Pflanzgut müssen in den ersten Jahren andere Gewächse (z. B. Gras) entfernt werden, da sie den Aufwuchs beeinträchtigen. Die Beschaffung geeigneter Pflanzware ist kein Problem, Gartenbaubetriebe verfügen meist über ein breit gefächertes Sortiment. Dort erhält man auch Auskunft, welche Pflanzenarten sich für die örtlichen Bodenverhältnisse gut eignen.

Der Girlitz ist auf Hecken und Gebüsche angewiesen

Heimische Pflanzenarten für Hecken und Gebüsche

Name	Wuchsform	Bietet Vögeln Nistplatz	Bietet Vögeln Nahrung	Frucht	Reifezeit (Monat)
Apfel (Wildapfel)	Baum, Strauch	x	x	Apfelfrucht (sog. Scheinfrucht)	IX
Beereneibe	Baum	x	x	Samen von Arillus (fleischigem Samenmantel) umgeben	VIII–X
Bergahorn	Baum	x		Spaltfrucht	IX
Eberesche, Gemeine	Baum, Strauch	x	x	Apfelfrucht	VIII–IX
Elsbeere	Baum	x	x	Apfelfrucht	IX
Esche, Gemeine	Baum	(x)		Nüßchen	VII–X
Faulbaum	Baum, Strauch	x	x	Steinfrucht	VII–XI
Feldahorn	Baum, Strauch	x		Spaltfrucht	IX
Feldulme	Baum	x		Nüßchen	V–VI
Felsenbirne, Gemeine	Strauch	x	x	Apfelfrucht	VII–VIII
Grauerle	Baum	(x)	x	Nüßchen	VIII–IX
Hainbuche, Gemeine	Baum	x	x	Nüßchen	X
Hartriegel, Roter	Strauch	x	x	Steinfrucht	VIII–IX
Haselnuß	Strauch	x	x	Nuß	VIII–IX
Heckenkirsche, Rote	Strauch	x	x	Steinfrucht	VI–VII
Holunder, Schwarzer	Strauch	x	x	Steinfrucht	VIII–IX
Hundsrose	Strauch	x	x	Sammelfrucht (Hagebutte)	IX–X
Johannisbeere, Schwarze	Strauch	(x)	x	Beere	VI–VII
Kornelkirsche	Strauch, (Baum)	(x)	x	Steinfrucht	VIII–IX
Kreuzdorn, Gemeiner	Baum, Strauch	x	x	Steinfrucht	IX–XI
Liguster	Strauch	x	x	Steinfrucht	VIII–IX
Mehlbeere	Baum, Strauch	x	x	Apfelfrucht	IX
Mispel, Echte	Strauch	x	x	Apfelfrucht	IX–X
Pfaffenhütchen	Baum, Strauch	x	x	Samen von Arillus (fleischigem Samenmantel) umgeben	VIII–X
Rotbuche	Baum	x	x	Nuß	IX–X
Salweide	Baum, Strauch	(x)		Kapselfrucht	VI–VII
Sanddorn, Gemeiner	Baum, Strauch	(x)	x	Steinfrucht	IX–X
Sauerdorn, Gemeiner	Strauch	x	x	Beere	VIII–IX
Schwarzerle	Baum	(x)	x	Nüßchen	IX–X
Schlehe	Strauch	x	x	Steinfrucht	IX–X
Schneeball, Gemeiner	Strauch	(x)	x	Steinfrucht	IX–X
Schneeball, Wolliger	Strauch	(x)	x	Steinfrucht	VIII–IX
Sommerlinde	Baum	x		Nüßchen	VIII
Spitzahorn	Baum	x		Spaltfrucht	IX
Stachelbeere	Strauch	(x)	x	Beere	VI–VII
Stieleiche	Baum	x	x	Nuß	X
Süßkirsche (Wildkirsche)	Baum	x	x	Steinfrucht	VI–VII

Heimische Pflanzenarten für Hecken und Gebüsche (Fortsetzung)

Name	Wuchsform	Bietet Vögeln Nistplatz	Bietet Vögeln Nahrung	Frucht	Reifezeit (Monat)
Traubeneiche	Baum	x	x	Nuß	X
Traubenholunder	Strauch	x	x	Steinfrucht	VII–VIII
Traubenkirsche	Baum, Strauch	(x)	x	Steinfrucht	VII–VIII
Traubenkirsche, Spätblühende	Baum	x	x	Steinfrucht	VII–VIII
Wacholder, Gemeiner	Baum, Strauch	x	x	Scheinbeere	IX–X
Weißbirke	Baum	x	x	Nüßchen	VII–VIII
Weißdorn, Eingriffeliger	Strauch, (Baum)	x	x	Apfelfrucht	IX–X
Weißdorn, Zweigriffeliger	Strauch	x	x	Apfelfrucht	IX–X
Winterlinde	Baum	x		Nüßchen	VIII–IX
Zwergmispel, Filzige	Strauch	x	x	Apfelfrucht	VII–VIII
Zwergmispel, Gemeine	Strauch	x	x	Apfelfrucht	VI–VIII

Quirlschnitt

Um den Vögeln in Hecke und Gebüsch eine besonders gute Nestunterlage zu schaffen, sollten »Quirle« geschnitten werden. Dazu kürzt man im Frühjahr (vor dem 1. März) oder im Herbst die Pflanzen mit Hilfe einer Astschere auf eine Höhe von 0,8–1,5 m ein. Die unter der Schnittstelle vorhandenen »Ringelaugen« (sogenannte schlafende Knospen) treiben danach, bedingt durch die Verletzung, aus. Die daraus neu entstandenen Triebe werden nach einer Vegetationsperiode auf eine bis anderthalb Fingerlängen zurückgeschnitten. Aus diesen neuen Schnittstellen treiben dann wiederum die darunter befindlichen neugebildeten Ringelaugen aus. Auf diese Weise entsteht eine quirlförmige Unterlage für ein Vogelnest.

Der Quirlschnitt regt die Ringelaugen zum Austrieb an

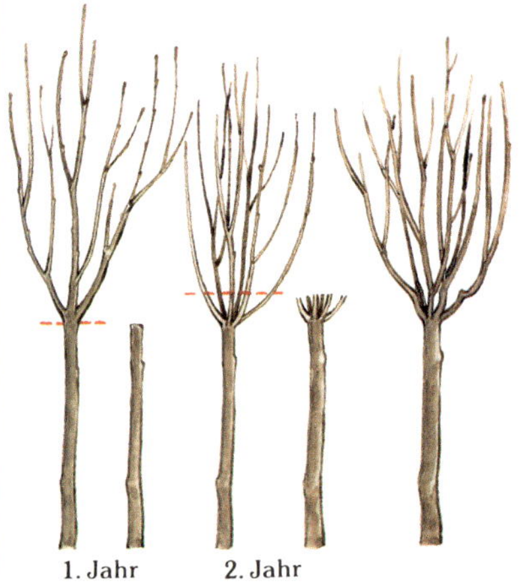

In den folgenden Jahren ist lediglich darauf zu achten, in den Quirl wachsende Zweige zu entfernen. Gleichzeitig erhält man durch dieses Schneiden das »Körbchen« ständig belaubt, wodurch dem brütenden Vogel Schutz vor Sicht von außen geboten wird. Ferner halten die oft mit Dornen oder Stacheln versehenen Heckenpflanzen viele der natürlichen Feinde ab. Durch den Quirlschnitt wird der Vogelbesatz in einer Hecke oder einer Gebüschgruppe erheblich gesteigert. Es stellen sich Grasmücken, Finken, Drosseln, Rotkehlchen, Heckenbraunelle und Zaunkönig ein, um nur einige Arten zu nennen. Im Herbst sollte das Laub unter Hecke und Gebüsch nicht entfernt werden. Auch hier siedeln sich Bodenbrüter an, die Laub zum Nestbau verwenden. Zudem warnt das Rascheln des dürren Laubes den brütenden Vogel und die Jungen vor Feinden.

In Hecken und Gebüschen brütet eine Vielzahl von Vogelarten, unter anderen Zaunkönig, Heckenbraunelle, Rotkehlchen, Nachtigall, Amsel, Singdrossel, Klappergrasmücke, Dorngrasmücke, Gartengrasmücke, Neuntöter, Buchfink, Girlitz, Grünfink, Hänfling, Gimpel, Goldammer und Elster.

Fachmännisch geschnittener Nistquirl an allein stehendem Baum

Binden von Bubiköpfchen

Eine weitere Möglichkeit, freibrütenden Vogelarten Nistmöglichkeiten zu schaffen, stellt das Binden von »Bubiköpfchen« dar. Eine ganze Reihe von Pflanzenarten eignet sich hierzu besonders, z. B. Johannisbeere, Holunder, Schneebeere und Pfaffenhütchen. Voraussetzung ist, daß die jeweilige Pflanze allein steht und voll entfaltet ist. Man geht dann wie folgt vor: In halber Höhe werden die Zweige mit Bindfaden oder Bast leicht zusammengezogen, dann wird der Faden verknüpft. So entsteht in der Mitte des Busches ein kleiner Trichter, in den der Vogel sein Nest bauen kann. Nach innen stehende Äste schneidet man ab oder biegt sie besser noch nach außen. Der Boden dieses Trichters sollte etwa faustgroß sein. Wichtig ist auch, daß

alle Triebe mit entsprechender Länge in den Nestquirl einbezogen werden. So wird verhindert, daß sich die Zweige bei Wind einzeln bewegen, wobei das Nest im Trichter gedrückt oder gar zerrissen werden kann.
Das Binden des Bubiköpfchens nimmt man im Frühjahr vor, wenn der betreffende Busch bereits die ersten grünen Blättchen zeigt. Das Zusammenbinden muß so erfolgen, daß der Saftstrom in den Zweigen bzw. Ästen nicht unterbrochen wird, da diese sonst absterben. Im Herbst schneidet man zweckmäßigerweise das Bindematerial durch, nachdem vorher ein eventuell vorhandenes Nest entfernt wurde. Im nächsten Frühjahr bindet man das Bubiköpchen neu.

Binden eines Bubiköpfchens

Nisttaschen, Nistbüschel, Nisthaufen

Zu einem Brutplatz kann man freibrütenden Vögeln auch verhelfen, indem man Nisttaschen und Nistbüschel an Bäumen anbringt oder Nisthaufen aufstellt.
Die Verwendung der *Nisttasche* hat sich in der Praxis besonders gut bewährt. Sie besteht aus 0,8–1 m langen Kiefern- oder Ginsterzweigen. Je nach Dichte der Benadelung benötigt man sechs bis acht Kiefernzweige. Das beste Material liefern Zweige aus der Durchforstung zehn- bis zwanzigjähriger Dickungen (bzw. von Stangenhölzern). Zweige von Altkiefern sind weniger brauchbar, da dort die Nadeln nicht so dicht stehen. Äste von Fichten eignen sich nicht, da die Nadeln recht schnell abfallen und in kurzer Zeit nur noch die nackten Zweige vorhanden sind. Kiefernzweige dagegen verlieren erst nach mehreren Jahren alle Nadeln. Erst dann müssen die Taschen erneuert werden. Die Zweige werden in Augenhöhe am Stamm angebracht, wobei man sie jeweils am oberen und unteren Ende mit unverzinktem Draht anbindet. Dabei ist es ohne Bedeutung, ob die Zweigspitzen nach oben oder nach unten genommen werden. In der Mitte zieht man die Zweige vom Stamm ab, so daß eine Lücke zwischen ihnen und dem Stamm entsteht. Die so geschaffene »Tasche« sollte etwa faustgroß sein, damit ein Vogelnest hineinpaßt. Bei

1. Herstellen einer Nisttasche aus Ginsterzweigen; 2. einfaches Nistbüschel aus Kiefernzweigen

Verwendung von Ginsterzweigen müssen zuerst die Zweigspitzen angebunden werden. Durch Umschlagen der Zweige nach oben und entsprechendes Anbinden entsteht dann eine Höhlung, die die richtige Größe hat. Die obenstehende Abbildung zeigt das Vorgehen

Werden Kiefernzweige nur einmal in der Mitte zusammengebunden, sollten die benadelten Teile oben auseinanderstehen. Dies wäre dann ein *Nistbüschel*.

Der *Nisthaufen* ist eine weitere Möglichkeit, freibrütenden Vogelarten eine Nisthilfe anzubieten. Dies gilt besonders in Bereichen, in denen kein Unterwuchs vorhanden ist. Ein solcher Nisthaufen besteht aus senkrecht aufgestelltem Reisig (Länge zwischen 1,5 und 2 m), das in der Mitte zusammengebunden wird. Der Durchmesser des Reisigbündels sollte 1–1,5 m betragen. Ein solcher Haufen kann sowohl frei aufgestellt als auch an einem Baum

Die Mulde der Nisttasche sollte etwa faustgroß sein

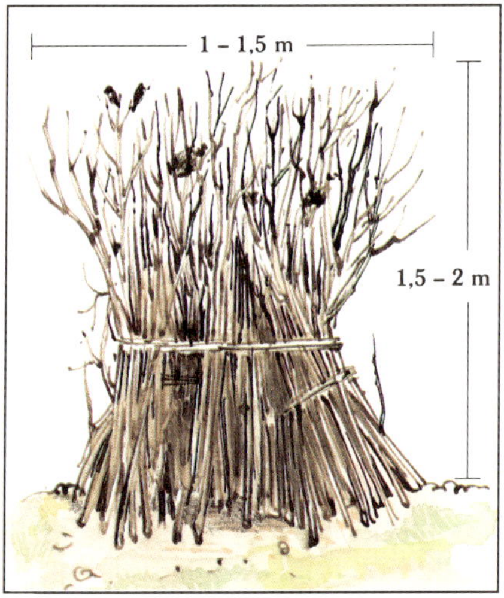

Nisthaufen können frei aufgestellt oder an einen Baum angebunden werden

Nisttaschen und Nisthaufen werden von der Heckenbraunelle gerne angenommen

seitlich angebunden werden, oder aber man gruppiert das Reisig um den Stamm herum. Die zweite und dritte Möglichkeit hat sich besonders gut bewährt, da ein solcher Haufen vom Wind nicht umgeweht werden kann. Es hat sich ferner gezeigt, daß brütende Vögel und deren Junge im Geäst dieser Nisthilfen vor Nestplünderungen recht gut geschützt sind.

Im Zuge eigener jahrelanger praktischer Erfahrungen mit Nisttasche, Nistbüschel und Nisthaufen konnten folgende Vogelarten dort brütend angetroffen werden: Bachstelze, Zaunkönig, Rotkehlchen, Heckenbraunelle, Gartenrotschwanz, Amsel, Singdrossel, Mönchsgrasmücke, Gartengrasmücke, Zilpzalp, Schwanzmeise, Gartenbaumläufer, Buchfink, Girlitz, Grünfink und Hänfling.

Abschließend noch eine Bemerkung zur Materialbeschaffung: Die benötigten Zweige fallen im Forstbetrieb an. Es empfiehlt sich daher, mit der nächstgelegenen Forstdienststelle (Forstamt oder Revierförsterei) Kontakt aufzunehmen und das Anliegen vorzutragen. Es wird dann sicher möglich sein, Reisig und geeignete Zweige kostenlos zu bekommen. Eine Entnahme ohne forstliche Genehmigung ist jedoch nicht statthaft.

Schutzmaßnahmen für Niststättenbewohner

Bestandsbedrohung durch natürliche Feinde?

Höhlen- und Freibrüter haben, wie könnte es auch anders sein, eine ganze Reihe natürlicher Feinde, die versuchen, auf die eine oder andere Weise den brütenden Altvogel, das Gelege oder die noch nicht voll flugfähigen Jungen zu erbeuten. Hierzu gehören Säugetiere (z. B. Steinmarder, Baummarder, Mauswiesel, Iltis, Hermelin, Igel, Eichhörnchen, Rotfuchs, Dachs, Katze) und Vögel (z. B. verschiedene Greifvogelarten, Eulen, Spechte, Elster, Eichelhäher, Rabenkrähe). Recht schnell wird der Wunsch laut, die »Räuber«, die die »armen und hilflosen Vögel« als ihre Nahrung beanspruchen, zu dezimieren. So ist beispielsweise in den letzten fünf Jahren die Jägerschaft gegen die drei genannten Rabenvogelarten »angetreten«, da diese unter anderem angeblich die Singvögel in Garten, Feld und Wald in ihrem Bestand gefährden. Der Begriff des »stummen Frühlings« wurde immer wieder in die Debatte geworfen. Hierzu muß an dieser Stelle gesagt werden, daß weder Elster, Eichelhäher und Rabenkrähe (sie gehören auch zu den Singvögeln!) noch die anderen genannten Tiere höhlen- oder freibrütende Vogelarten in ihrem Bestand ernsthaft gefährden oder gar ausrotten. Es gibt eine Reihe wissenschaftlicher Untersuchungen, die dies deutlich belegen.
Trotzdem sind natürlich Maßnahmen zum Schutz von Niststättenbewohnern durchaus sinnvoll. Es wurde eine breite Palette von Möglichkeiten entwickelt, brütende Vögel und ihre Jungen vor Schaden zu bewahren.

Höhlen- und Halbhöhlenbrüter in Nistkästen sind unter anderem durch Marder und Katzen gefährdet, wenn es diesen gelingt, mit einer Vorderpfote durch das Flugloch hindurch den auf dem Gelege sitzenden Altvogel oder einen der Jungvögel zu erfassen und herauszuziehen. Spechte (vor allem der Buntspecht) vergrößern das Flugloch oder erweitern z. B. bei Holzbetongeräten den Schlitz zwischen Vorderwand und restlichem Höhlenteil. Auf diese Weise gelangen sie an den Nestinhalt. Rabenvögel versuchen, durch Hineinzwängen des Kopfes in das Flugloch an das Gelege zu kommen oder fangen herumhüpfende, noch nicht voll flugfähige Jungvögel. Auch Nester freibrütender Vogelarten am Boden oder im Gebüsch können durch andere Tiere aufgestöbert und geplündert werden. Dem kann man mit praxiserprobten Mitteln vorbeugen.

Gefährlich für nistende Vögel, aber sicher nicht für den Bestand einer Vogelart: der Steinmarder

Maßnahmen zum Schutz von Höhlenbrütern

Nistkästen lassen sich vor Plünderungen schützen, indem man das Flugloch mit einem Vorbau versieht, der das Herausziehen des Nestinhalts verhindert. Ein so beschaffenes Nistgerät (nach Henze und Zimmermann) kann man selbst bauen, wie in nebenstehender Abbildung gezeigt wird. Diese mardersichere Bauweise läßt sich bei Nistkästen für alle Höhlenbrüter anwenden, wobei die jeweiligen Mindestmaße so zu wählen sind wie im Kapitel »Nisthöhlen und ihre Bewohner« angegeben. Vor Katzen und Mardern bietet auch die freischwebende Aufhängung an einem Draht Schutz. Wenn der Kasten dann noch mit einem kegelförmigen Dach und einem Marderschutz am Flugloch ausgerüstet ist, sind Verluste durch diese Nestplünderer nicht mehr möglich. Mit den eben genannten Mitteln werden auch Bilche wie der Siebenschläfer am Einschlupf gehindert.

Schutz vor Mardern und Katzen durch Blechmanschette und Stachelkranz

Mardersicheres Nistgerät für Meisen
Bei entsprechend größeren Abmessungen der Einzelteile und des Fluglochs kann solch ein Kasten auch für alle anderen Höhlenbrüter gebaut werden.
Bauteile (Maße in cm):
V = Vorderwand
VL = Vorderwandleiste
F = Fluglochwand (Vorbau)
L = Leiste (Vorbau)
R = Rückwand
S = Seitenwände
B = Boden (mit Ablauflöchern und Schlitz für H)
H = Hartholzleistchen als Halterung (Stärke 1 cm)
D = Dach
A = Aufhängeleiste
K = Abstandsklötzchen

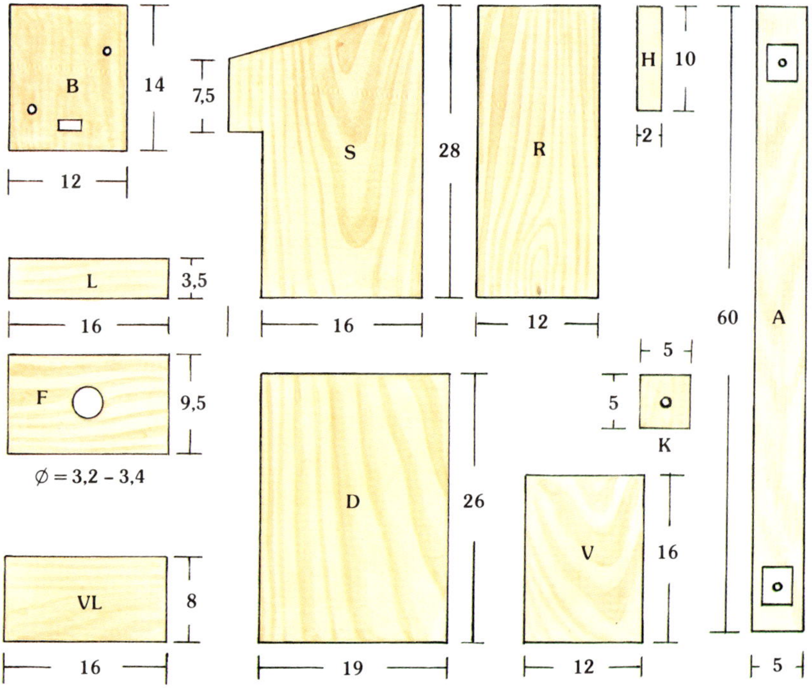

Brettstärke: 2 cm

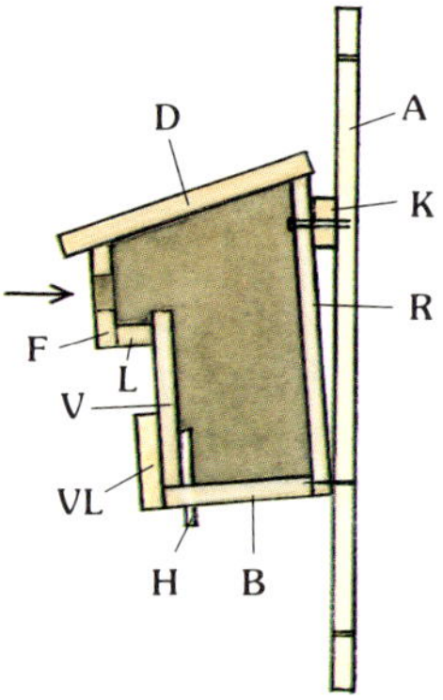

Ein Maschendraht verhindert bei Holzbetonkästen das Aufhacken durch Spechte

Eine weitere Möglichkeit, Marder und Katze fernzuhalten, ist das Anbringen eines Stachelkranzes, der unterhalb des Nistkastens am Baumstamm befestigt wird. Auch eine breite Blechmanschette unter- und oberhalb des Nistkastens schützt vor ungebetenen Besuchern. Dieses Verfahren sollte vor allem bei Nistkästen für den Rauhfußkauz zum Einsatz kommen; zusätzlich kann eine Blechhaube auf dieses Nistgerät gesetzt werden (vgl. auch S. 38). In die Steinkauzröhre läßt sich eine zweite Zwischenwand einbauen, die Verluste durch Feinde mindert.

Durch Anbringen eines verzinkten Bleches beugt man dem Aufhacken des Fluglochs durch Spechte vor. Der Durchmesser des im Blech auszustanzenden Loches muß jedoch mindestens 1 mm größer sein als der des Einschlupfloches, damit sich ein- und ausfliegende Altvögel an der

Der Buntspecht kann nicht nur Bäumen, sondern auch Nistkästen schwer zusetzen

scharfen Blechkante nicht verletzen können. Auch das Anbringen einer breiten Leiste (5 x 2 cm) vor dem Flugloch verhindert Spechtschäden. Holzbetonnistgeräte lassen sich durch Maschendraht mit 1 cm Maschenweite schützen. Diesen bringt man so an, daß er die Vorderwand einschließlich der beiden senkrechten Schlitze bedeckt, wobei das Flugloch natürlich ausgespart wird.

Maßnahmen zum Schutz von Freibrütern

Bruten in Nisttaschen können vor Plünderungen geschützt werden, indem man einen Maschendraht mit 1 cm Maschenweite vor der Öffnung bzw. Mulde befestigt, aus dem man ein dem brütenden Vogel angepaßtes Flugloch ausschneidet. Als Schutzmaßnahmen bei Hecken und Gebüsch bringt man Pflanzen mit Dornen oder Stacheln ein und läßt das Laub unter den Gehölzen liegen. Durch das Rascheln der dürren Blätter werden brütende Altvögel ebenso wie halbflügge Jungvögel vor anschleichenden Feinden gewarnt. Hauskatzen sollte man zumindest während der Brutzeit (März bis August) ein Glöckchen um den Hals binden, um ein unbemerktes Anpirschen zu verhindern.

Letztlich muß man sich immer darüber im klaren sein, daß es nicht möglich und andererseits auch nicht notwendig ist, durch Schutzmaßnahmen angesiedelte Vögel vor ihren Feinden völlig zu schützen. Vielmehr sollte angestrebt werden, daß der Lebensraum den Anforderungen aller Glieder der dort vorhandenen Lebensgemeinschaft entspricht.

Freibrütern wie diesem Zaunkönig drohen einige Gefahren

Rund um den Nistplatz

Trink- und Badestellen für Vögel

Jeder, der Vögel aufmerksam beobachtet, wird schnell feststellen, daß sie meist mehrmals täglich baden und häufig ihren Durst stillen. Daher ist für die Ansiedlung von Vögeln neben dem Bereitstellen von Nistmöglichkeiten auch das Anbieten einer Trink- und Badegelegenheit wichtig. Das Vorhandensein von Wasser fördert sowohl die Individuenzahl einzelner Arten wie die Artenvielfalt. Wenn ein Gartenbesitzer intensiven Vogelschutz betreiben will, darf deshalb eine Wasserstelle nicht fehlen. Schließlich sei auch darauf hingewiesen, daß es lehrreich und interessant sein kann, das Treiben der Vögel an Vogelbad und -tränke aus einer gewissen Entfernung zu beobachten.

Gute Dienste tut z. B. ein ausgedienter flacher Spülstein, dessen Ausgußöffnung zuzementiert wird und den man an einer leicht schattigen Stelle in den Boden einläßt. Der Stein muß etwas in die Erde eingegraben werden, so daß sich nach dem Auffüllen Bereiche mit unterschiedlichen Wassertiefen ergeben (bis zu einer Maximaltiefe von 10–15 cm). Dadurch können kleinere und größere Vögel gefahrlos baden. Wenn man noch einige Steine unterschiedlicher Größe in das Becken legt, haben die gefiederten Besucher die Möglichkeit, nicht nur am Rand des Beckens, sondern auch von diesen »Inseln« aus Wasser zu trinken.

Alte, noch wasserdichte Autoreifen kann man ebenfalls als Trink- und Badegelegenheit verwenden. Der Reifen wird der Länge nach aufgeschnitten und bis zur Oberkante in den Boden eingelassen, wie es untenstehende Abbildung zeigt. Mit einigem handwerklichen Geschick kann man weiterhin mit Steinplatten (z. B. aus Buntsandstein) oder Zement eine dem Garten

Vogeltränke aus einem alten Spülstein mit Steinen als Aufsitzmöglichkeit

So wird ein alter Autoreifen zur Vogeltränke

angepaßte Vogeltränke anlegen. Auch eine Plastikfolie, als Unterlage genutzt, kann beim Bau Verwendung finden. Im Handel werden ebenfalls Vogeltränken angeboten. Bei der Auswahl sollten nicht primär ästhetische Gesichtspunkte, sondern in erster Linie die Zweckmäßigkeit berücksichtigt werden.
Gefüllte Wassertonnen oder andere tiefe Behälter mit steilen Wänden sind nicht nur ungeeignet, sondern stellen besonders für junge Vögel eine tödliche Gefahr dar. Sie sollten daher stets abgedeckt sein.
Der Standort muß so gewählt werden, daß die Tränke im Halbschatten einer Hecke, eines Baumes oder eines Busches liegt. Der Abstand zwischen Gehölz und Bad sollte mindestens 1–2 m betragen. Diese Entfernung ist für den trinkenden oder badenden Vogel notwendig, damit er sich rechtzeitig vor einem anschleichenden Feind (z. B. einer Katze) in Sicherheit bringen kann. Einen guten Schutz bietet das Anbringen von Vogelbad und -tränke auf einem 1–1,5 m hohen Pfahl. Auch solche Geräte werden im Handel angeboten.
Von April bis in den Spätherbst wird die Tränke ständig kontrolliert und nachgefüllt. An heißen Sommertagen ist eine Trink- und Badegelegenheit von besonderer Wichtigkeit. Das Vogelbad muß von Zeit zu Zeit gereinigt werden, da das Wasser sonst zu einer üblen Geruchsquelle werden kann. Ferner läßt sich so der Gefahr einer Übertragung von Salmonellen und Kolibakterien vorbeugen.

»Elternlose« Jungvögel – was tun?

Tierärzten, Forstdienststellen, Tier- und Vogelschutzvereinen werden in der Brutzeit häufig junge Vögel gebracht, die angeblich aus dem Nest gefallen sind oder von den Altvögeln verlassen wurden. Ein gerade flügge gewordener Jungvogel, der hilflos herumsitzt, macht tatsächlich den Eindruck, sein Ende sei bald gekommen, wenn man sich seiner nicht annimmt. Deshalb werden solche Vögel dann mit nach Hause genommen, und man versucht sie aufzuziehen. In der Mehrzahl der Fälle scheitert dies. Erst in letzter Minute wird nach einem Sachkundigen gesucht.
Bevor man wie eben beschrieben vorgeht, sollte man sorgfältig prüfen, ob der am Boden sitzende Vogel tatsächlich von seinen Eltern verlassen ist. Die sehr kläglich erscheinenden, meist länger anhaltenden Rufe des Jungvogels sind nichts anderes als Bettellaute, die die akustische Verbindung zu den in der Nähe futtersuchenden Altvögeln herstellen. Zum Füttern nähert sich ein Altvogel dem Jungen aber nur, wenn keine Gefahr besteht. Bis dahin wird er versteckt beobachten, was sich tut. Geht die betreffende Person weiter, so wird der nach Futter rufende Jungvogel versorgt und in ein nahes Versteck geführt.
Wenn jedoch ein Jungvogel auf der Straße, einem Rad- oder Fußweg sitzt, wo ihm Gefahren drohen können, sollte er

aufgenommen und in der Nähe in Buschwerk, auf eine Wiese oder an einen ähnlichen Ort gesetzt werden. Der Altvogel findet das Junge dort schnell
Wer sich entschließt, einen solchen Vogel mit nach Hause zu nehmen, muß sich darüber im klaren sein, daß neben sehr viel Mühe auch Sachkenntnis erforderlich ist. In vielen Fällen ist alle Anstrengung umsonst. Hinzu kommt, daß bei einer Reihe von Arten der Nahrungserwerb von den Altvögeln erlernt werden muß. Hier kann kein »Elternersatz« gespielt werden. Die Überlebenschance ist für einen Jungvogel in seiner natürlichen Umgebung um ein Vielfaches größer als bei der Aufzucht durch den Menschen. Die meisten Vögel werden aus falsch verstandener Tierliebe zu Tode gepflegt. Schließlich sei auch darauf hingewiesen, daß es verboten ist, aufgepäppelte Jungvögel zu Hause zu behalten: Sie müssen in die Natur zurückgegeben werden.

Zunächst sollte man sich überzeugen, ob der Jungvogel tatsächlich elternlos ist

Der rührende Anblick scheinbar alleingelassener Jungvögel verleitet oft zu unsachgemäßen »Hilfsmaßnahmen«, die tatsächlich eher schaden

Vogelfotografie am Nest

Ein Foto, das einen fütternden Altvogel und schnabelsperrende Nestlinge zeigt, ist für jeden Vogelfreund ein faszinierender Anblick. Es erweckt bei vielen Fotografen das Bedürfnis, solche Schnappschüsse selbst einzufangen. Das ist allerdings äußerst problematisch. Erst muß natürlich ein Nest mit Jungen gefunden werden. Dann ist der Bau eines Versteckes nötig, das möglichst nahe am Nest errichtet werden soll. Nun fehlt es meist am richtigen Licht, weshalb störende Äste entfernt werden, mit der Folge, daß die pralle Sonne auf das Nest und damit auf die noch nackten oder kaum befiederten Jungen brennt. Dazu kommt, daß halbflügge Junge, besonders von freibrütenden Vogelarten, bei der geringsten Störung aus dem Nest springen, sich am Boden im Gras oder Laub irgendwo verkriechen und nicht mehr gefunden werden oder, ins Nest zurückgesetzt, erneut herausspringen.

Das kann leicht schiefgehen! Aufnahmen dieser Art, wie sie auch an anderer Stelle im Buch zu sehen sind, sollte man Experten überlassen

Das eben Beschriebene ist keine zur Abschreckung gedachte Horrorvision, sondern skizziert leider tatsächlich den Ablauf einer solchen »Fotosafari« durch den Sachunkundigen. Letztlich wird durch die Nestfotografie ein nicht mehr gut zu machender Schaden angerichtet, der einfach nicht zu verantworten ist. Um aber dem interessierten Naturbeobachter auch einmal einen Einblick in die Details der Vogelfütterung zu geben, ist die Herstellung solcher Fotos sicher in begrenztem Umfang zu gestatten. Sie muß aber den wenigen Experten überlassen bleiben, die dazu einer behördlichen Genehmigung bedürfen und genau wissen, welche Probleme zu meistern sind und wie gute Fotos erzielt werden können, ohne daß die Nestlinge oder die fütternden Altvögel Schaden erleiden. Dazu sollte man auch wissen, daß es nach dem Bundesnaturschutzgesetz unter anderem verboten ist, Vögel am Nest zu beunruhigen. Daher gilt: Finger weg von besetzten Vogelnestern! Sie sind kein Objekt für Amateurfotografen.

Anhang

Nisthöhlen: Mindestmaße auf einen Blick

(Maße in cm)

Vogelart	Brettstärke	Fluglochweite	Flugloch-/ Vorderwand	Rückwand	Seitenwände	Boden	Dach
Meisen, Kleiber, Trauerschnäpper, Feldsperling u. a.	2	3,2–3,4 bzw. 2,6 (kleine Meisen)	12 x 23	16 x 28,5	14 x 25 x 28	12 x 13	19 x 25
Gartenrotschwanz	2	4,5 x 3 (oval)	wie Meisennisthöhle oder wie Starennisthöhle				
Star, Wendehals, Wiedehopf	2	4,6–5	14 x 26	18 x 31	15 x 27,5 x 31	14 x 14	21 x 25
Hohltaube, Dohle, Rauhfußkauz	2,5	8–9	25 x 34	30 x 38	26,3 x 36 x 38	25 x 25	34 x 36
Steinkauz	2	8	17 x 31	21 x 37,5	18 x 32,5 x 37,5	17 x 17	24 x 31
Waldkauz	2,5	12–13	25 x 40	30 x 44	28 x 42 x 44	25 x 26,8	34 x 38
Schleiereule	2,5	12 x 18 (rechteckig)	100 x 50	100 x 50	45 x 50	100 x 50	100 x 50
Turmfalke	2,5		45 x 15	45 x 37,5	25 x 35	45 x 25	45 x 27,5
Mauersegler	2	6,5 x 3,2 (oval)	18 x 14	22 x 14	33 x 14	18 x 31	22 x 35
Baumläufer, Dreieckskasten	2	Länge ca. 4		12 x 22	16 x 12,8 x ca. 5 x ca. 20	16 x 16	16 x 25
Wasseramsel, Dreieckshöhle	2	(unten offen)		30 x 37	26 x 27 x 45	26 x 26	30 x 48
Wasseramsel, Viereckshöhle	2	(Halbhöhle)	18 x 4	18 x 18	20 x 20	18 x 18	20 x 22
Hausrotschwanz, Grauschnäpper u. a. Halbhöhlenbrüter	2	(Halbhöhle)	16 x 8,5	16 x 17	15 x 12,5 x 15	16 x 15	20 x 22

Literatur

Bathon, H. u. R. Rossbach: Freiwillige Prüfung von Vogelnistgeräten. Merkblatt Nr. 67 der Biologischen Bundesanstalt für Land- und Forstwirtschaft Braunschweig, Institut für biologischen Pflanzenschutz, 1989

Frisch, O. v.: Findelkinder. Tips für die Aufzucht und Pflege von Jungvögeln. Franckh-Kosmos-Verlag, Stuttgart 1968

Henze, O.: Kontrollbuch für Vogelnistkästen in Wald und Garten. Selbstverlag des Herausgebers, 1983

Henze, O. u. G. Zimmermann: Gefiederte Freunde in Garten und Wald. Bayerischer Landwirtschaftsverlag, München 1964

Jorek, N.: Vogelschutz – Praxis. Herbig Verlag, München 1980

Löhrl, H.: So hilft man den Vögeln – Vogelschutz das ganze Jahr. Franckh-Kosmos-Verlag, Stuttgart 1969

Löhrl, H.: Nisthöhlen, Kunstnester und ihre Bewohner. DBV-Verlag, Stuttgart 1973

Löhrl, H.: Vögel in ihrer Welt. Ihr Leben und ihr Verhalten, Vogelschutz, Aufzucht von Findlingen. Franckh-Kosmos-Verlag, Stuttgart 1984

Pfeifer, S.: Taschenbuch für Vogelschutz. Verlag Strohbach, Frankfurt 1980

Reade, W. u. E. Hosking: Vögel in der Brutzeit. Ulmer-Verlag, Stuttgart 1974

Ruge, K.: Vogelschutz – Ein praktisches Handbuch. Verlag Otto Maier, Ravensburg 1989

Schulze, A.: Vogeltips für jedermann. Ehrenwirth-Verlag, München 1987

Anmerkung: Einige der hier genannten Veröffentlichungen sind im Buchhandel nicht mehr erhältlich, gehören jedoch zum Bestand vieler Bibliotheken und Leihbüchereien.

Hilfreiche Adressen

Bundesrepublik Deutschland

Staatliche Institutionen

Baden-Württemberg
Staatliche Vogelschutzwarte
Baden-Württemberg
Hermann-Schneider-Allee 47
7500 Karlsruhe 21

Bayern
Bayerisches Landesamt für
Umweltschutz
– Vogelschutzwarte –
Rosenkavalierplatz 3
8000 München 81

Berlin
Senatsverwaltung für Stadtentwicklung
und Umweltschutz
Lindenstraße 20–25
W-1000 Berlin 61

Brandenburg
Vogelschutzwarte des Landes
Brandenburg
»Rietzer-See«
O-1801 Schenkenberg

Bremen
Senator für Umweltschutz und
Stadtentwicklung
Am Wall 177
2800 Bremen 1

Hamburg
Freie und Hansestadt Hamburg
– Umweltbehörde, Naturschutzamt –
Staatliche Vogelschutzwarte
Steindamm 22
2000 Hamburg 1

Hessen, Rheinland-Pfalz und Saarland
Staatliche Vogelschutzwarte
für Hessen, Rheinland-Pfalz
und Saarland
Steinauer Str. 44
6000 Frankfurt/Main 60

Niedersachsen
Niedersächsisches
Landesverwaltungsamt
– Fachbehörde für Naturschutz –
Staatliche Vogelschutzwarte
Postfach 107
3000 Hannover 1

Nordrhein-Westfalen
Landesanstalt für Ökologie, Landschafts-
entwicklung und Forstplanung
Nordrhein-Westfalen
– Vogelschutzwarte –
Leibnitzstr. 10
4350 Recklinghausen

Mecklenburg-Vorpommern
Biologische Station Serrahn
O-2081 Serrahn/Neustrelitz

Sachsen-Anhalt
Staatliche Vogelschutzwarte
Sachsen-Anhalt
O-3401 Steckby

Thüringen
Staatliche Vogelschutzwarte
Thüringen
Lindenhof 3
O-5701 Seebach

Schleswig-Holstein
Staatliche Vogelschutzwarte
Schleswig-Holstein
Olshausenstr. 40–60
2300 Kiel

Private Institutionen

Naturschutzbund Deutschland (vormals Deutscher Bund für Vogelschutz/DBV)
Bundesgeschäftsstelle
Am Michaelshof 8–10
5300 Bonn 2

Landesverbände

Baden-Württemberg
Max-Planck-Str. 10
7014 Kornwestheim

Berlin
Goltzstr. 5
1000 Berlin

Brandenburg
Heinrich-Mann-Allee 93a
O-1580 Potsdam

Hamburg
Habichtstr. 125
2000 Hamburg

Hessen
Friedenstr. 25
6330 Wetzlar

Niedersachsen
Calenberger Str. 24
3000 Hannover 1

Nordrhein-Westfalen
Am Lippeglacis 10
4230 Wesel

Mecklenburg-Vorpommern
August-Bebel-Str. 2
O-2500 Rostock

Rheinland-Pfalz
Parcusstr. 12
6500 Mainz 1

Saarland
Grabenstr. 22
6690 St. Wendel

Sachsen
Dorfstr. 3
O-7271 Boyda

Sachsen-Anhalt
Angerstr. 1
O-4412 Roitzch

Thüringen
Ziegenhainer Str. 89
O-6900 Jena

Schleswig-Holstein
Forsthof Friedrichsholz
2210 Oelixdorf

Bayern
Landesbund für Vogelschutz in Bayern (BLV)
Kirchenstr. 8
8543 Hilpoltstein

Nachbarländer

Luxemburg
Letzebuerger Natur- a Vulleschutzliga (LNVL)
BP 709
L-2017 Luxembourg

Niederlande
Rijksinstituut voor Natuurbeheer
P. O. Box 9201
NL-6800 Arnhem

Nederlandse Vereinigung tot Bescherming van Vogels
Driesbergseweg 16c
NL-3708 Zeist

Österreich
Biologische Station Neusiedler See
A-7142 Illmitz

Österreichische Gesellschaft für Natur und Umweltschutz
Hegelgasse 21
A-1010 Wien

Österreichischer Naturschutzbund
Haus der Natur
Arenberggasse 10
A-5020 Salzburg

Schweiz
Schweizerische Vogelwarte
CH-6204 Sempach

Schweizerische Gesellschaft für Vogelkunde und Vogelschutz (Ala)
Krähenbergstr. 53
CH-2543 Lengnau

Schweizerisches Landeskomitee für Vogelschutz (SLKV) Oberdorf
CH-8164 Bachs

Register

Kursive Seitenzahlen verweisen auf Abbildungen.

Bildquellenverzeichnis

Fotos:
Tierbildarchiv Angermayer, Holzkirchen: 31 r. (R. Schmidt)
Rolf Bender, Tholey-Theley: 17, 55 l.
Georg Braun, Frankenberg/Eder: 54
Manfred Danegger, Überlingen: 18 l., 25 u., 27 u., r., 30 r., 34, 52 o., 61, 78, 85
Hans Fürst, Abtsgemünd: 9, 18 r., 32 u., 35, 54 r., 60
Gerhard Kalden, Frankenberg/Eder: 33
Dr. Werner Keil, Altenstadt: 24, 25 o., 40, 59 u., 70, 72, 81
Dr. Rudolf König, Kiel: 79
Ingeborg Polaschek, Linsengericht-Altenhasslau: 3 u. l., 7, 13, 20, 47, 83, 84
Reinhard-Tierfoto, Heiligkreuzsteinach-Eiterbach: 1, 2, 3 o.r., 3 u. r., 6, 11, 14, 27 o. r., 29, 44, 46, 52 u., 58 o., 62, 65, 73, 75
Silvestris Fotoservice, Kastl/Obb.: 3 o. l. (Hosking), 21 (Brandl)
Gerhard Wendl, Puchheim: 10, 32 o., 37, 39, 41, 48, 54 l., 55 r., 66, 67, 90
Konrad Wothe, München: 30 r., 31 l., 43, 56, 58 u., 59 o., 63, 75

Zeichnungen: Gerhard Scholz, Dornburg
Vignette: Gabriele Hampel, Kelkheim
Abdruck des Prüfsiegels auf S. 14 mit freundlicher Genehmigung der Biologischen Bundesanstalt für Land- und Forstwirtschaft, Institut für biologischen Pflanzenschutz, Braunschweig

Eines für alle!
Das Magazin für alle, die Tiere und Natur lie
Nr. 7/Juli 1990
Ein HERZ für Tiere
Das Bilderlexikon
der Prachtfinken-Sprache
Jetzt wissenschaftlich erwiesen:
Spaniens
tanzende Pferde
Jeden Monat ne